Für Irene

Thies Claussen

Denkanstöße

Acht Fragen unserer Zeit

www.tredition.de

© 2021 Dr. Thies Claussen
Umschlagsfoto: Auguste Rodin „Der Denker", Pixabay
Autorenfoto: Andreas Pohlmann

Verlag & Druck: tredition GmbH, Halenreie 40-44, 22359 Hamburg

ISBN
Paperback   978-3-347-24444-3
Hardcover   978-3-347-24445-0
e-Book   978-3-347-24445-7

Inhalt

Vorwort

Auguste Rodin hat 1882 mit seiner Statue „Der Denker" ein Kunstwerk geschaffen, das zum Nachdenken anregt. Nachdenken bedeutet, sich in Gedanken eingehend mit etwas beschäftigen, sich etwas gründlich überlegen.

Die langen Phasen des Lockdowns während der Corona-Pandemie boten ausreichend Gelegenheit, über Fragen unserer Zeit nachzudenken.

Was ist die Zeit und wie nutzen wir unsere Zeit? Wie steht es heute um Ludwig Erhards Leitbild „Wohlstand für Alle"? Will China über das Projekt der Seidenstraße die Welt lautlos neu ordnen? Wie entstehen Verschwörungstheorien und welche Motive stehen dahinter? Wie begegnen wir der heutigen Medienflut? Ist die Künstliche Intelligenz eher Chance oder Bedrohung? Welche Werte leiten uns? Und nicht zuletzt: Wem gehört die Zukunft".

Krailling/Wollaberg, März 2021   Dr. Thies Claussen

„Es ist nicht zu wenig Zeit,
die wir haben, sondern es ist zu
viel Zeit, die wir nicht nutzen."

Lucius Annaeus Seneca

Was ist die Zeit?

Was ist die Zeit? Diese Frage stellt Thomas Mann am Beginn des sechsten Kapitels seines Romans „Der Zauberberg" [1]:

„Was ist die Zeit? Ein Geheimnis, - wesenlos und allmächtig. Eine Bedingung der Erscheinungswelt, eine Bewegung, verkoppelt und vermengt dem Dasein der Körper im Raum und ihrer Bewegung. Wäre aber keine Zeit, wenn keine Bewegung wäre? Keine Bewegung, wenn keine Zeit? Frage nur! Ist die Zeit eine Funktion des Raumes? Oder umgekehrt? Oder sind beide identisch? Nur zu gefragt! Die Zeit ist tätig, sie hat verbale Beschaffenheit, sie ‚zeitigt'. Was zeitigt sie denn? Veränderung! Jetzt ist nicht Damals, Hier nicht Dort, denn zwischen beiden liegt Bewegung."

Die Zeit ist knapp. Wie aber kann Zeit überhaupt knapp werden? Zeit selbst kann nicht knapp werden, sie wird knapp nur im Verhältnis

---

[1] Thomas Mann: Der Zauberberg, Frankfurt am Main, 15. Auflage 2002, S. 474

zu bestimmten Vorhaben. Zahlreiche Philosophen haben sich mit dem Wesen der Zeit befasst.[2] Seneca sah in der Zeit das höchste aller Güter. Dabei bezog er sich auf die Lebenszeit, die ein Mensch hat. Je mehr diese vergeudet wird, umso kürzer ist das tatsächliche Leben. Der Philosoph Martin Heidegger widmete der Zeit ein ganzes Werk „Sein und Zeit". Seiner Ansicht nach ist Zeit von Grund auf nur dann knapp, wenn es dem Tod entgegengeht,

Kinder und Jugendliche denken wenig über die Zeit nach. Sie leben häufig in den Tag hinein. Sie scheinen alle Zeit der Welt zu haben. Viele neue Erlebnisse und Entdeckungen erfüllen sie. Ein Lebensjahr erscheint ihnen dadurch als langer Zeitraum. Für Kinder und Jugendliche sind selbst 30-Jährige bereits „uralt".

70-, 80- oder 90-Jährige denken häufiger darüber nach, dass ihr Leben begrenzt ist und ihre Lebenszeit knapp wird. Vieles läuft in geregelten

---

[2] Vgl. zum Beispiel:

https://denkbrocken.com/2019/01/05/seneca-briefe-an-lucilius-zeitbegriff/#:~:text=Der%20Zeitbegriff%20in%20Senecas%20erstem%20Brief%20an%20Lucilius&text=Im%20e [Stand: 5.1.2021]

Bahnen ab. Neue Erlebnisse und Entdeckungen sind eher selten. Durch ihre gleichförmigere Lebensweise scheint die Zeit schneller zu verfliegen. Ein Lebensjahr nach dem anderen ist schnell vorbei.

Die Zeit ist für uns alle nur ein schmaler Streifen von Gegenwärtigkeit: Noch nicht Vergangenheit, aber auch noch nicht Zukunft. Friedrich Schiller beschreibt dies in „Sprüche des Confuzius" zutreffend:

Dreifach ist der Schritt der Zeit:

Zögernd kommt die Zukunft hergezogen.

Pfeilschnell ist das Jetzt entflogen,

Ewig still steht die Vergangenheit.

Die Zeit, das Erleben der Zeit und die Messung der Zeit haben philosophische, biologische, physiologische und physikalische Aspekte, die in den unterschiedlichen Disziplinen verschieden betrachtet werden.[3]

Zwei Beispiele: In der Physiologie umfasst die subjektiv erlebte Gegenwart eine Zeitspanne zwischen 30 Millisekunden und 3 Sekunden. Das heißt, nach mehr als 3 Sekunden ist die Gegenwart bereits wieder Vergangenheit. Die Physik hingegen versteht unter Gegenwart die scharfe Grenze zwischen Vergangenheit und Zukunft.

Kompliziert wird es in der Relativitätstheorie von Albert Einstein. Nach dieser ist die Zeit relativ. Das heißt: Die Zeit vergeht in sich bewegenden Körpern anders als in stillstehenden. Nach Albert Einstein wird die Zeit langsamer, je näher die Geschwindigkeit an die Lichtgeschwindigkeit herankommt.

Ist Zeit dasjenige, was die Uhren messen? Was ist die Uhr? Charakteristisch für Uhren sind periodische Vorgänge, die zur Festlegung von

---

[3] Vgl. dazu: Gernot Münster: Was ist die Zeit?, unter: https://www.uni-muenster.de/Physik.TP/~munsteg/10Zeit.pdf [Stand: 5.1.2021]

Zeitspannen herangezogen werden.[4] Im Laufe der Geschichte entwickelte sich die Zeitmessung von Sand- oder Wasseruhren und Räderuhren hin zu moderneren technischen Konstrukten. Ein Meilenstein war der Chronograph des englischen Tischlers, Erfinders und autodidaktischen Uhrmachers John Harrison aus dem Jahr 1759. Die Entwicklung führte weiter zu den heutigen Quarzuhren und Atomuhren.

Heute operieren wir mit einer einheitlichen Weltzeit, wir sind insofern „gleich – zeitig" geworden, als wir dieselben Maßeinheiten der Zeit nutzen. England führte Ende des 19. Jahrhunderts die Greenwich Mean Time (GMT) ein, eine einheitliche Uhrzeit, benannt nach dem Stadtteil, in dem sich die Londoner Sternwarte befindet.

Die einheitliche Uhrzeit hat, wie es Rüdiger Safranski in seinem beachtenswerten Werk „Zeit. Was sie mit uns macht und was wir aus ihr machen" beschreibt, zu dem wunderlichen

---

[4] Ebd.

Phänomen der Pünktlichkeit geführt.[5] Bauern und Handwerker konnten früher ihre Zeit relativ frei einteilen, die Fabrikarbeiter mussten sich hingegen bereits nach dem zeitlichen Rhythmus der Dampfmaschine richten. Dies zwang die Menschen zur Pünktlichkeit, und zwar nicht nur auf die Stunde, sondern auf die Minute genau.

Bei Revolten zerschlugen englische Industriearbeiter im 19. Jahrhundert nicht etwa nur die Maschinen, an denen sie arbeiteten, sondern auch die Uhren über den Fabrikanlagen. Ihr Zorn richtete sich gegen die allgegenwärtigen Instrumente der Zeitmessung, zugleich die Symbole einer tiefgehenden Kontrolle. Trotzdem: In Werkhallen, auf Bahnhöfen und auf Kirchtürmen zogen die Uhren ein. Bald fanden sich die Uhren auch am Handgelenk der Menschen. Der gesellschaftliche und wirtschaftliche Zwang zur Pünktlichkeit nahm drastisch zu. Damit stieg auch der gesellschaftlich erzeugte Zeitdruck.

---

[5] Vgl. im Folgenden: Rüdiger Safranski: Zeit. Was sie mit uns macht und was wir aus ihr machen; München 2015, S. 90 ff.

Heute leben die meisten von uns unter einem strikten Zeitregime. Genau geregelte Arbeitszeit, Freizeit, Schul- und Ausbildungszeit. Genau koordinierte Zeitpläne im Verkehr und in der Produktion.

Unsere moderne Wettbewerbswirtschaft verlangt, früher mit neuen Produkten am Markt zu sein, Innovationen schneller umzusetzen. Dabei geht es häufig um Marktchancen und Gewinnerzielung. Zeitdruck und Tempo kann aber auch Leben retten. Dies zeigt der beispiellose weltweite Wettlauf der Labore und Forschungseinrichtungen, um geeignete Corona-Impfstoffe und Medikamente verfügbar zu machen. Diesen Anfang 2020 begonnenen Wettlauf gewann das deutsch-amerikanischen Unternehmen Biontech/Pfizer mit der Notfallzulassung ihres Impfstoffs am 12. Dezember 2020 in den USA und der Zulassung am 21. Dezember 2020 in der EU. Weitere Impfstoffe von Moderna, AstraZeneca und anderen folgten zeitnah.

Das heutige strikte Zeitregime nötigt uns dazu, ständig an die Zeit zu denken, wie man sie optimal nutzt, wo man sie einsparen kann, ob man sie jemand schenken darf. Der Einzelne fühlt sich oft in Zeitplänen gefangen, selbstbestimmten und fremdbestimmten.

Der Zeitdruck der Arbeitswelt wirft viele Fragen auf: Nehmen wir uns genügend Zeit für die Familie und für Freunde, Zeit für Pausen, Zeit für Nachdenken, Zeit für Hobbies, Urlaube oder Spaziergänge, Zeit für gute Gespräche, Zeit für ein Buch? Lassen wir uns durch unsere Handys und durch andere neue Medien zu viel Zeit rauben oder gehen wir achtsam damit um? Sind wir schon Opfer einer schier unendlichen Informationsflut geworden? Jede und jeder wird diese Fragen unterschiedlich beantworten.

Vieles versäumen wir, vieles schieben wir vor uns her: Das hat doch Zeit für später, das machen wir morgen, nächste Woche, nächsten Monat oder nächstes Jahr. Vieles Notwendige und auch vieles Wünschenswerte bleibt dabei auf der Strecke. Zeit lässt sich nicht zurückholen.

Wenn Familienangehörige oder gute Freunde sterben, fragen sich viele von uns, warum haben wir uns vorher nicht noch mehr Zeit für diese genommen? Was haben wir versäumt? Warum haben wir die Zeit mit ihnen nicht besser genutzt? Zu spät. Das hat keine Zukunft mehr, dass ist unwiederbringliche Vergangenheit.

Die erlebte Beschleunigung der Zeit hat zahlreiche Aspekte.[6] Mit der technischen Beschleunigung bei Verkehr, Kommunikation, Produktion und Konsum beschleunigt sich auch unser Wandel in Beruf und Privatem. Unsere schnelllebige Zeit führt zu dem Gefühl, dass individuelle Zeitressourcen immer knapper werden gemessen an dem wachsenden Umfang der Angebote und Anforderungen.

Wird das Prinzip „immer schneller, weiter und höher" künftig an Grenzen stoßen? Allein das Thema Klimawandel zeigt, dass wir unsere Umwelt und unsere natürlichen Ressourcen nicht weiter grenzenlos nutzen können. Wie steht es bei den persönlichen Ressourcen? Ist der Zeitdruck gepaart mit dem Anspruch der permanenten Erreichbarkeit den Menschen so

---

[6] Rüdiger Safranski, ebd., S.126 ff.

weiter zumutbar? Oder zeigen hier gesundheitliche Beeinträchtigungen Grenzen auf?

Können wir durch Selbstbeschränkung und durch die Konzentration auf das Wesentliche aus der Zeitdruckfalle und der Überbeanspruchung entrinnen? Müssen wir uns selbst ständig unter Druck setzen, um immer mehr zu verdienen und um dadurch einen höheren Lebensstandard und vermeintlich mehr Anerkennung zu erreichen? Müssen wir beim Konsum immer die neuesten oder teuersten Produkte erwerben? Können wir manchmal vielleicht auch schlichter und einfacher leben, was manchmal sogar erlebnisreicher sein kann?

Fragen über Fragen: Wie schaffen wir es, mit unserer begrenzten Zeit der zunehmenden Flut von Anforderungen und Angeboten zu entsprechen? Kann weniger mehr sein? Wer außer uns selbst hilft uns, unseren Kompass auf das für uns Wesentliche und Wichtige auszurichten? Welche Ziele sind dabei für uns wichtig und vorrangig? Haben wir darüber einmal gründlicher nachgedacht? Kennen wir unsere Ziele, wie wir mit unserer begrenzten (Lebens-)Zeit umgehen wollen?

„Unser Tun dient nicht nur der Stunde, dem Tag oder diesem Jahr. Wir haben die Pflicht, in Generationen zu denken und unseren Kindern und Kindeskindern ein festes Fundament für eine glückliche Zukunft zu bauen."

Ludwig Erhard, Gedanken aus fünf Jahrzehnten

Wohlstand für Alle?

Am 15. September 1949 wählte der Deutsche Bundestag Konrad Adenauer mit der knappsten denkbaren Mehrheit – seiner eigenen Stimme – zum ersten Bundeskanzler der Bundesrepublik Deutschland. Ludwig Erhard, der Vater der Sozialen Marktwirtschaft, wurde Bundeswirtschaftsminister.[7]

Ab 1952 stiegen 20 Jahre lang Bruttosozialprodukt, Reallöhne und Industrieproduktion viel stärker als bei den westeuropäischen Nachbarn. Bald war vom „deutschen Wirtschaftswunder" die Rede. Der anhaltende wirtschaftliche Aufschwung festigte das Vertrauen in die Demokratie.

Erhard galt in der Bevölkerung bald als Vater des „Wirtschaftswunders". Er wurde mit seiner rauchenden Zigarre zur Symbolfigur dieses

---

[7] Vgl. im Folgenden: Thies Claussen: Ludwig Erhard. Wegbereiter unseres Wohlstands, Hrsg.: Bayerisches Staatsministerium für Wirtschaft, Landesentwicklung und Energie, München, September 2019, S. 83 ff.

sensationellen Aufschwungs. Mit seiner zunehmend rundlichen, wohlgenährten Erscheinung verkörperte Erhard den wachsenden Wohlstand viel eher als der hagere Adenauer. Dieses Bild Erhards kam auch in seinem 1957 erschienenen Buch „Wohlstand für Alle" zum Ausdruck, das der Redakteur des Handelsblattes, Wolfram Langer, unter Erhards Namen schrieb.

Die 1950er- und beginnenden 1960er-Jahre gelten als gute Zeit. Mit Optimismus und Tatendrang packten die Menschen den gemeinsamen Wiederaufbau an. Die meisten blickten nach vorne und selten zurück – die düstere NS-Vergangenheit wurde vielfach verdrängt. Schlüsselfiguren waren Millionen leistungswillige, gut qualifizierte Arbeiter und Angestellte und tatkräftige Unternehmerpersönlichkeiten. Ab 1956/1957 herrschte Vollbeschäftigung. In Deutschland begann man, ausländische Arbeitskräfte, die „Gastarbeiter", anzuwerben.

Erhard gab den Menschen das Versprechen vom wirtschaftlichen Aufstieg, von sozialer Sicherheit und politischer Stabilität. Dieses

Versprechen wird bis heute eingelöst. Bedeutet dies aber „Wohlstand für Alle"?

Bereits nach Erhards Rücktritt als Bundeskanzler und noch mehr nach seinem Tod begann die Umformung der Sozialen Marktwirtschaft.[8] Die Lehren des britischen Nationalökonomen John Maynard Keynes wurden zur wirtschaftspolitischen Richtschnur. Durch schuldenfinanzierte Konjunkturprogramme sollten Konjunkturabschwünge abgefedert werden. Der Sozialstaat wurde weiter ausgebaut.

Trotz kontinuierlicher Anhebung der Mehrwertsteuer geriet der Staat rasch an die Grenzen seiner finanziellen Belastbarkeit. Die Staatsverschuldung stieg schnell an. Inflation und Arbeitslosigkeit kehrten zurück. Ölkrisen zeigten die Abhängigkeit des Industriestandortes Bundesrepublik Deutschland von diesem Energieträger. An die Stelle des Fortschrittsoptimismus der Wirtschaftswunderjahre begannen Zukunftssorgen im Zeichen der „Grenzen des Wachstums" zu treten.

---

[8] Vgl. ebd. S. 133 ff.

Trotz vieler Herausforderungen und Probleme zum Beispiel in der Umwelt-, der Klima- und der Energiepolitik ist die Bundesrepublik Deutschland heute im internationalen Maßstab ein sehr erfolgreicher und angesehener Wirtschaftsstandort.

Beim Bruttoinlandsprodukt (BIP) lag Deutschland 2019 mit 3,86 Billionen US-Dollar hinter USA, China und Japan weltweit an vierter Stelle, vor Indien, Großbritannien, Frankreich und Italien.[9]

Deutsche Produkte und Dienstleistungen sind weltweit sehr begehrt. 2019 hat Deutschland Waren und Güter in Höhe von 1328 Mrd. Euro exportiert.[10] Bei gleichzeitigen Importen in Höhe von 1104 Mrd. Euro betrug der Exportüberschuss somit 224 Mrd. Euro.

---

[9] Vgl. https://de.statista.com/statistik/daten/studie/157841/umfrage/ranking-der-20-laender-mit-dem-groessten-bruttoinlandsprodukt/ [Stand: 4.1.2021]

[10] Vgl. https://www.destatis.de/DE/Themen/Wirtschaft/Aussenhandel/_inhalt.html [Stand: 4.1.2021]

Die Soziale Marktwirtschaft ist nach wie vor ein Aushängeschild Deutschlands. Doch die heutigen Vorstellungen haben mit der Ursprungsvision Ludwig Erhards nur noch wenig gemeinsam. Erhard wurde nicht müde, vor einem stetig wachsenden Zugriff des Staates auf die Einkommen, vor steigenden Sozialausgaben und der damit von ihm befürchteten Entmündigung der Bürger zu warnen. Heute erwarten immer mehr Menschen vom Staat die Absicherung aller Lebensrisiken.

Als Erhard 1966 als Bundeskanzler zurücktrat, hat der deutsche Staat etwa 20 Prozent seines Etats für Soziales ausgegeben. Heute sind es mehr als 50 Prozent. Der relative Spielraum für andere wichtige Investitionen wie in Bildung, Infrastruktur oder Sicherheit wird dadurch immer kleiner.

Trotz dieses deutlichen Anstiegs der Sozialausgaben und trotz eines insgesamt deutlich höheren Wohlstandsniveaus gibt es soziale Spannungen. Die Schere zwischen arm und reich wurde keineswegs kleiner, sondern im Gegenteil größer. Ludwig Erhards Botschaft der Freiheit und sein Lob der Eigeninitiative als Ausgangspunkt für ökonomischen Erfolg dringt nicht mehr zu allen durch.

Der demografische Wandel, die Globalisierung und die Digitalisierung stellen unsere Gesellschaft und unsere Wirtschaft heute vor völlig neue Herausforderungen. Die immer schnelleren Wellen technologischer Innovationen haben eine wirtschaftliche Dynamik angestoßen, die noch vor einigen Jahren kaum vorstellbar war.

„Disruption" ist das Wort der Stunde. Bestehende traditionelle Geschäftsmodelle, Produkte, Technologien oder Dienstleistungen werden von innovativen Erneuerungen abgelöst und teilweise vollständig verdrängt. Was machen diese Umbrüche mit der Sozialen Marktwirtschaft? Braucht die Industrie 4.0 eine Soziale Marktwirtschaft 4.0? Inwieweit gelten heute noch die Prinzipien von Erhards Sozialer Marktwirtschaft? Ist „Wohlstand für alle" im 21. Jahrhundert erreichbar?

Soziale Marktwirtschaft ist heute sicher kein starres Modell. Soziale Marktwirtschaft muss immer wieder neu gedacht werden. Sie ist aufs Ausbalancieren angelegt. Wirtschaftliche Vernunft und sozialer Ausgleich müssen unter ständig sich wandelnden Bedingungen austariert werden. Soziale Marktwirtschaft ist nur überlebensfähig, wenn sie an die sich wandelnden Rahmenbedingungen angepasst wird.

Viele Herausforderungen setzen Deutschlands internationale Wettbewerbsfähigkeit schon heute unter Druck. Strukturwandel in einer bisher nicht bekannten Intensität wird der Wirtschaft und Gesellschaft große Anpassungsleistungen abverlangen. Die Herausforderung, Wachstum mit der Verteilung von Chancen und Wohlstand in der Gesellschaft in einer Balance zu halten, wird unter diesen Bedingungen nicht kleiner, sondern größer.

Soziale Marktwirtschaft ist Leitprinzip für einen Staat, der nicht allein nur als Wächter über effiziente Märkte fungiert, sondern der immer wieder neu aufgefordert ist, die Grundlagen für einen auch global erfolgreichen

Wirtschaftsstandort zu legen. Nur dann kann die Soziale Marktwirtschaft gewährleisten, dass alle Menschen in Deutschland die Chance haben, an den gemeinsam erwirtschafteten Wohlstandszuwächsen teilzuhaben.

Marcel Fratzscher, der Präsident des Deutschen Instituts für Wirtschaftsforschung in Berlin, sieht die Soziale Marktwirtschaft zwar mehr denn je als geeigneten Gesellschaftsvertrag an, um die riesigen Herausforderungen von Globalisierung und technologischem Wandel erfolgreich zu meistern.[11] Dennoch müsse die Soziale Marktwirtschaft erneuert werden. Sie funktioniert nach Meinung Fratzschers heute nicht mehr ausreichend gut, denn zu häufig funktioniert weder die Marktwirtschaft noch der Sozialstaat. Das Ideal von Ludwig Erhard sei es gewesen, dass alle Menschen ihr Leben frei und in Eigenverantwortung gestalten können und dass sie mit der eigenen Hände Arbeit für sich und ihre Familie auskömmlich sorgen können.

---

[11] Vgl. Marcel Fratzscher: Versprechen wird gebrochen, in: Riedel, Donata: Vier Ideen zur Erneuerung der Sozialen Marktwirtschaft, in: Handelsblatt vom 14.6.2018

Dieses Versprechen wird heute – so Fratzscher – für zu viele Menschen gebrochen. Die erforderliche Chancengleichheit gelte heute für zu wenige Menschen in Deutschland, deren Zukunft schon früh festgelegt wird und zu stark vom sozialen Status der Familie, vom Geschlecht oder der Herkunft bestimmt wird, und zu wenig von individuellen Talenten und Fähigkeiten.

Die Schere zwischen arm und reich wird, gerade was die Vermögensbildung betrifft, immer größer. Vermögen wird zunehmend vererbt, deutlich weniger durch eigenen Fleiß, Geschick und Sparsamkeit – wie Ludwig Erhard es sah - erarbeitet. Der größte Teil des Vermögens in Deutschland steckt in Immobilien.[12] Die Hälfte der Haushalte in Deutschland hat aber schon jetzt kein Vermögen, insbesondere somit auch keine Immobilien.

Der Immobilienboom insbesondere in Ballungsräumen wie Hamburg, Berlin, Frankfurt,

---

[12] Vgl. dazu auch Thomas Öchsner: Wer hat, dem wird gegeben, in. Süddeutsche Zeitung vom 2./3. Januar 2021, S. 22

Stuttgart oder München, hat die Reichen reicher gemacht. Der Bonner Ökonom Moritz Schularick hat berechnet, dass die obere Hälfte der Bevölkerung in Deutschland mit ihren Häusern und Wohnungen zwischen 2011 und 2018 um nahezu drei Billionen Euro reicher geworden ist.[13]

Während die Eigentümer zu den großen Gewinnern des letzten Jahrzehnts gehören, zählen Mieter und potenzielle Käufer zu den Verlierern[14]. Man muss nicht lange darüber nachdenken, dass gerade jüngere, gut ausgebildete Menschen, die keine Erbschaft in Aussicht haben, zunehmend über diese Entwicklung frustriert sind, da sie sich aus eigener Kraft zumindest in Ballungsräumen kaum noch eigene Wohnungen oder gar Häuser erarbeiten können. Soziale Spannungen zeichnen sich hier ab.

Während beim Vermögen die Schere zwischen arm und reich weiter auseinander geht,

---

[13] Vgl. Moritz Schularick, u.a.: Die neue Wohnungsfrage; Gewinner und Verlierer des deutschen Immobilienbooms, Bonn, Juni 2019, S. 2
[14] Ebd. S. 22 ff.

teilte das Statische Bundesamt im September 2020 mit, dass die Lohnspreizung, das heißt der Abstand zwischen Gering- und Besserverdienenden erstmals leicht abnimmt.[15] 2018 erzielten Besserverdienende das 3,27-Fache des Bruttostundenverdiensts von Geringverdienenden, während es 2014 noch das 3,48-Fache war. Allerdings zählten 2018 immer noch gut ein Fünftel (21,1 %) der Beschäftigungsverhältnisse in Deutschland zum Niedriglohnsektor, wobei dieser Anteil in Ostdeutschland mit 29,1 % noch immer deutlich größer war als in Westdeutschland (einschließlich Berlin) mit 20,0 %.

Die heutige Soziale Marktwirtschaft steht zweifellos vor vielen Herausforderungen. Hierzu drei Beispiele zu wichtigen Themen: den Freihandel, den Wettbewerb und die Sozialpolitik.[16]

Erstes Beispiel: Ludwig Erhard trat als überzeugter „Atlantiker" für den Freihandel im

---

[15] Vgl. im Folgenden: https://www.destatis.de/DE/Presse/Pressemitteilungen/2020/09/PD20_354_623.html#:~:text=Hierf%C3%BCr%20wird%20der%20Bruttostundenverdienst%2C%20ab,%2F9%2C71%20Euro)., [Stand: 5.1.2021]

[16] Vgl. im Folgenden: Thies Claussen, ebd., S. 137 ff.

Rahmen eines freien und offenen Welthandels ein, der allen zugutekommen sollte. Der frühere amerikanische Präsident Donald Trump betrieb hingegen mit seinem Motto „America First" eine protektionistische Abschottungspolitik, die für den freien Welthandel erhebliche Probleme zur Folge hat und im Widerspruch zu den Prinzipien der Sozialen Marktwirtschaft steht.

Ein zweites Beispiel: Erhard bezeichnete den Kampf gegen Kartelle als seine wichtigste Aufgabe. Heute stellen Internetgiganten aus dem Silicon Valley und aus China die Wettbewerbsbehörden vor neue und große Probleme. Egal ob Google, Apple, Facebook, Amazon oder in China Baidu, Alibaba oder Tencent: Die neue Plattform-Ökonomie führt international über gewaltige Netzwerkeffekte und neue Datenmonopole zu erheblichen Marktkonzentrationen und Wettbewerbsverzerrungen.

Ein Wettbewerbsthema, das wieder an Aktualität gewann, ist die Industriepolitik. Bundeskanzlerin Angela Merkel und der französische Präsident Emmanuel Macron forderten Europa auf, künftig eine aktive europäische

Industriepolitik zu betreiben, um mit den USA und China mithalten zu können. Aktive Industriepolitik war gerade in Deutschland lange verpönt. Das Credo im Sinne Ludwig Erhards lautete, der Staat solle günstige Rahmenbedingungen für die Unternehmen schaffen und sich ansonsten heraushalten.

Jetzt aber besteht die Gefahr, dass Europa ohne aktive Industriepolitik gegenüber USA und China bei wichtigen Schlüsselindustrien wie Künstliche Intelligenz, 3D-Druck oder Elektromobilität massiv ins Hintertreffen geraten kann. Industriepolitik ist nicht mehr das Tabu, das es jahrzehntelang war. Es ist eine gewaltige, noch nicht gelöste Aufgabe für die nächsten Jahre, einerseits dem internationalen Druck aus USA und China standzuhalten, ohne andererseits den Wettbewerb einzuschränken und neue Kartelle und Monopolisten zu befördern.

Das dritte Beispiel: die Sozialpolitik. In der Sozialpolitik setzte Ludwig Erhard darauf, über mehr Wachstum zu mehr Wohlstand für den Einzelnen zu gelangen. Der Focus lag für Erhard auf der Vergrößerung des Kuchens, nicht auf Verteilungskämpfen. Dazu Erhard:

„Die Lösung liegt nicht in der Division, sondern in der Multiplikation des Sozialprodukts. Diejenigen, die ihre Aufmerksamkeit den Verteilungsproblemen widmen, werden immer wieder zu dem Fehler verleitet, mehr verteilen zu wollen, als die Volkswirtschaft nach Maßgabe der Produktivität herzugeben in der Lage ist."

Erhard trat zwar für soziale Sicherung ein, war aber gegen den Versorgungsstaat. Individuelle Verantwortung und Eigeninitiative müssten erhalten bleiben. Erhard lehnte als Gegenpol zur Planwirtschaft auch den unbeschränkt freien Markt, den Laissez-faire-Kapitalismus ab. Jüngere Ereignisse, wie das Platzen der New-Economy-Blase im März 2000 oder die weltweite Finanzkrise 2008/2009 haben gezeigt, dass übertriebene Gier und Spekulation und Laissez-faire-Kapitalismus zu einer Gefährdung der Grundprinzipien der Sozialen Marktwirtschaft führen können. Das Platzen der New-Economy-Blase wurde durch hysterische Aktienspekulationen ausgelöst, die Finanzkrise insbesondere durch den Ausfall „fauler" Immobilienkredite in den USA.

Dies alles zeigt: Unsere Soziale Marktwirtschaft ist keineswegs in Stein gemeißelt. Vielmehr müssen in unserer globalisierten, sich ständig ändernden Welt ihre Prinzipien immer wieder auf neue Herausforderungen überprüft und gegebenenfalls bei Bedarf angepasst werden.

Peter Altmaier, der 20. Nachfolger Erhards im Amt des Bundeswirtschaftsministers, ist fest davon überzeugt, dass die Soziale Marktwirtschaft auch heute noch ein deutsches Erfolgsmodell ist. Bundeswirtschaftsminister Altmaier erklärte bei der Aussprache zur Regierungserklärung vor dem Deutschen Bundestag am 22. März 2018 in Berlin:[17]

„Ich sehe kein anderes Modell, das so sorgfältig und zuverlässig funktioniert und sicherstellt, dass diejenigen zum Zuge kommen, die mit den

---

[17] Peter Altmaier: Rede des Bundesministers für Wirtschaft und Energie bei der Aussprache zur Regierungserklärung vor dem Deutschen Bundestag am 22. März 2018, in: Bulletin der Bundesregierung Nr. 33-2, vom 22. März 2018

geringsten Kosten die besten Produkte produzieren. Kein anderes Modell war so erfolgreich. Seit dem Fall der Mauer, seit dem Ende des Kalten Krieges sehen wir einen unerhörten Siegeslauf der Marktwirtschaft rund um den Globus: in China, in Asien, ja sogar, trotz aller Rückschläge, die wir in der Außen- und Verteidigungspolitik beklagen, in Russland, jetzt auch in Kuba, und es dämmert offenbar sogar einigen in Nordkorea."

Altmaier weiter: „Wichtig für die Soziale Marktwirtschaft ist auch das Vertrauen in die Verlässlichkeit der Rahmenbedingungen. Unsere Mittelständler, diejenigen, die Arbeitsplätze schaffen, wollen keine neuen Subventionen, sie wollen keine überbordenden Hilfen durch den Staat; aber sie wollen sich darauf verlassen können, dass die Investitionen, die sie heute tätigen, auch noch in zehn oder 15 Jahren ein gutes Umfeld finden, dass sie keine Projekte in den Sand setzen, weil sich die Rahmenbedingungen zwei oder drei Jahre später ändern.

Deshalb sage ich: Manchmal muss man auch als Wirtschaftsminister den Mut haben, weniger zu tun oder vielleicht auch gar nichts zu tun, und darauf verzichten, jeden Tag eine neue Sau durchs Dorf zu treiben. Es hat sich nämlich gezeigt, dass die Verlässlichkeit der Rahmenbedingungen seit den Zeiten von Ludwig Erhard eine Erfolgsgarantie für die Zukunft ist."

„Das Wort Krise setzt sich im Chinesischen aus zwei Schriftzeichen zusammen – das eine bedeutet Gefahr und das andere Gelegenheit."

John F. Kennedy

China: Die lautlose Neuordnung der Welt

„Die universellen Menschenrechte, die demokratische Entscheidungsfindung und die Rechtsstaatlichkeit haben mächtige Feinde, und der vermutlich bedrohlichste dieser Feinde ist China unter der Herrschaft der Kommunistischen Partei. Die Kommunistische Partei Chinas verfolgt ein ambitioniertes, gut geplantes Programm zur weltweiten Einflussnahme und Einmischung und kann gewaltige wirtschaftliche und technologische Ressourcen einsetzen, um ihr Vorhaben zu verwirklichen. Tatsächlich sind die groß angelegte Kampagne zur Unterwanderung der Institutionen in westlichen Staaten und die Versuche, die Eliten dieser Länder an China zu binden, sehr viel weiter fortgeschritten, als die Parteiführung selbst erwartet haben dürfte."

Dies sind die Kernthesen der beiden Chinaexperten Clive Hamilton und Mareike Ohlberg in ihrem neuen, umfassend recherchierten Buch „Die lautlose Eroberung. Wie China westliche

Demokratien unterwandert und die Welt neu ordnet".[18]

Viele Chinesen - auch im Ausland - sowie Tibeter, Uiguren, Anhänger von Falun Gong und Demokratieaktivisten in Hongkong sind den Repressionsmaßnahmen des chinesischen Regimes ausgesetzt.[19] Nicht wenige Regierungen, akademische Einrichtungen und Manager fürchten sich vor finanziellen Repressalien, sollten sie die Regierung in Peking verärgern.

China ist als größte Fabrik und zweitgrößte Volkswirtschaft der Welt ein Magnet für ausländische Unternehmen und für viele westliche Politiker. 2019 erzielte China mit 422 Mrd. US-Dollar den weltweit größten Handelsbilanzüberschuss, gefolgt von Deutschland (255 Mrd. US-Dollar) und Russland (165 Mrd. US-Dollar).[20]

---

[18] Clive Hamilton, Mareike Ohlberg: Die lautlose Eroberung. Wie China westliche Demokratien unterwandert und die Welt neu ordnet, München 2020, S. 11

[19] Vgl. Ebd., S. 12

[20] Vgl. https://de.statista.com/statistik/daten/studie/242539/umfrage/laender-mit-dem-groessten-

Beim Bruttoinlandsprodukt liegt China mit 14.401 Mrd. US-Dollar hinter den USA (21.433 Mrd. US-Dollar) an zweiter Stelle.[21] Ausländische Industrien sind auf den Zugang zum riesigen chinesischen Markt angewiesen. Wie stark nutzt die Kommunistische Partei Chinas diese Abhängigkeit bereits heute, um Chinas globalen Einfluss zu erhöhen und China langfristig zur wichtigsten globalen Macht zu machen?

Das wichtigste Projekt Pekings zur geopolitischen Neuordnung der Welt ist das Projekt „Neue Seidenstraße" („Belt and Road Initiative"). Dieses 2013 erstmals von Staatspräsident Xi Jinping vorgestellte Projekt ist das größte Infrastrukturprojekt aller Zeiten und gleichzeitig Chinas geostrategischer Masterplan, mit dem es

---

handelsbilanzueberschuss/#:~:text=Im%20Jahr%202019%20war%20China,minus% [Stand: 8.1.2021]

[21] Hinter China folgen Japan (5.079 Mrd. US-Dollar), Deutschland (3.861 Mrd. US-Dollar) und Indien (2.868 Mrd. US-Dollar) (https://de.statista.com/statistik/daten/studie/157841/umfrage/ranking-der-20-laender-mit-dem-groessten-bruttoinlandsprodukt/ [Stand: 8.1.2021]

die Weltwirtschaft neu ordnen will.[22] 1000 Mrd. Dollar sollen nach dem Willen Pekings in neue Eisenbahnstrecken, Pipelines, Kraftwerke, Straßen und Häfen fließen, entlang der Land- und Meeresrouten vom Fernen Osten nach Europa und Afrika. Die Chinesen versprechen eine „neue Seidenstraße" – angelehnt an die antike Handelsroute, die jahrhundertelang Zentralasien, den Nahen Osten und Europa verband und erst nach 1514 in Vergessenheit geriet, als portugiesische Händler China auf dem Seeweg erreichten. Das heutige geostrategische Vorhaben hat mit Kamelkarawanen oder den antiken Handelsrouten zwischen China und Europa aber nur noch wenig zu tun.

Rund 90 Länder sind bereits in das Projekt „Neue Seidenstraße" eingebunden. Viele beteiligte Länder (etwa Pakistan, Sri Lanka, Malaysia oder die Malediven) haben sich bei den Chinesen schwer verschuldet und sind dadurch auch

---

[22] Vgl. insbesondere: Georg Fahrion, Claus Hecking, Volker Pabst: Projekt Seidenstraße: Chinas neuer Plan, in: Capital, 21. September 2018

politisch von diesen abhängig geworden.[23] Wie es aussieht, wenn die Schuldenfalle zuschnappt, zeigte sich zum Beispiel 2017 in Sri Lanka.[24] Auch dort hatte China im Rahmen von „Belt and Road" Geld zugeschossen und den Hafen Hambantota ausgebaut. Als Sri Lanka dann aber die Kredite nicht mehr bedienen konnte, musste es den Hafen und ein Industriegebiet für 99 Jahre an ein chinesisches Unternehmen verleasen.

In den EU-Staaten hat China in den letzten Jahren Milliardenbeträge investiert. In Europa besitzen chinesische Unternehmen mittlerweile Flughäfen, Häfen und Windparks in neun Ländern.[25] Chinesische Unternehmen sind Alleinoder Miteigentümer der Häfen in Rotterdam (Europas größter Hafen), Antwerpen und Zeebrugge. Die staatseigene China Ocean Shipping

[23] Vgl. dazu: Andrea Spalinger: China investiert in Italiens Häfen – und verstärkt seinen Einfluss in Europa, in: Neue Züricher Zeitung vom 17.3.2019

[24] Vgl. dazu: Hannelore Crolly: Auf der „Neuen Seidenstraße" in die finanzielle Abhängigkeit von China, unter: https://www.welt.de/wirtschaft/article184780806/Neue-Seiden-strasse-China-treibt-Laender-in-die-Schuldenfalle.html [Stand: 7.1.2021]

[25] Vgl. dazu: Clive Hamilton, Mareike Ohlberg, a.a.O., S. 181 ff.

Company besitzt den größten griechischen Hafen in Piräus, und hält einen Mehrheitsanteil an der spanischen Hafenverwaltungsgesellschaft Noatum, womit sie die Häfen von Bilbao und Valencia kontrolliert.

Als erster G-7-Staat hat sich auch Italien enger an China gebunden. Chinesische Großinvestitionen sind in den Häfen von Triest und Genua vorgesehen. Norditalien soll zum großen Umschlagsplatz für chinesische Exporte werden und per Straße und Schiene von dort mit ganz Europa verbunden werden.[26] Die Chinese Communications Construction Company verhandelt mit den Hafenbehörden in Genua auch über den Bau eines großen Landestegs für Kreuzfahrtschiffe. Und ein Investmentfonds aus Shanghai will offenbar Milliarden in den Hafen von Palermo investieren, um diesen zu einem Hub im Mittelmeerraum zu machen.

In Deutschland ist Duisburg zu einem wichtigen Knotenpunkt der Neuen Seidenstraße geworden. Im Duisburger Güterbahnhof enden

---

[26] Vgl. Andrea Spalinger, a.a.O.

mehrere Güterzugverbindungen zwischen Deutschland und China. Die Ladung wird in Duisburg verschifft oder auf Lkw geladen und nach ganz Europa transportiert.[27] Als Staatspräsident Xi Jinping 2014 zum ersten Mal Deutschland besuchte, äußerte er einen überraschenden Wunsch: Er wollte Duisburg sehen. Um genauer zu sein, den Güterbahnhof im Duisburger Hafen, dem größten Binnenhafen Europas.[28] Xi Jinping begrüßte in Duisburg einen Zug, der 16 Tagen vorher in Chongqing, am anderen Ende der Seidenstraße losgefahren war, und nach 10.300 Kilometern sein Ziel Duisburg erreichte. Die neue Bahnverbindung ist halb so teuer wie Luftfracht und doppelt so schnell wie der Seeweg. So strategisch denkt China: In Duisburg ist das Ende einer Bahnstrecke, die im eigenen Land beginnt.

Brüssel, vor allem auch die Regierungen in Berlin und Paris beobachten den wachsenden wirtschaftlichen und politischen Einfluss

---

[27] Vgl. https://nachrichten.idw-online.de/2020/09/08/chinesische-investitionen-im-ruhrgebiet-strukturwandel-ueber-die-neue-seidenstrasse/ [Stand: 8.1.2021]

[28] Vgl. hierzu auch: Georg Fahrion, Claus Hecking, Volker Pabst: Projekt Seidenstraße: Chinas neuer Plan, in: Capital, 21. September 2018

Pekings in Europa mit Sorge. Die neue Seiden-straße sei eine Initiative von und für China, aus der die Partnerstaaten kaum Vorteile zögen, sondern eher in ungewollte Abhängigkeiten gerieten, mahnen sie.

Die EU hat sich erst zögerlich zu ersten Gegenreaktionen durchgerungen, und selbst das will sie ausdrücklich nicht als Angriff auf Peking verstanden wissen. Ab 2021 will Brüssel 30 Prozent mehr Geld für den Ausbau von Zugstrecken, Autobahnen und Stromtrassen mit dem Ziel bereitstellen, Verkehrs- und Energienetze besser mit Zentralasien zu verknüpfen. Im Rahmen der sogenannten europäischen „Konnektivitäts-Strategie" sollen dafür 123 Milliarden Euro bis 2027 fließen, gegenüber mehr als einer Billion Euro, die China in die Infrastruktur pumpen will.[29]

Wie kann die EU angesichts dieser gravierenden finanziellen Unterschiede mit dem Versuch Chinas umgehen, noch stärker als bisher Einfluss auf die europäischen Staaten zu nehmen? Viele

---

[29] Vgl. Hannelore Crolly, a.a.O.

Politiker mussten zum Schluss kommen, dass Rücksicht im Umgang mit China in der Vergangenheit nichts genützt hat. Die Kommunistische Partei Chinas versteht nur klare Ansagen.[30] Zwar befürchten einige europäische Firmen, sie könnten wegen einer härteren China-Politik ihrer Regierungen den Zugang zu wichtigen Märkten oder lukrative Aufträge verlieren. Viele Unternehmen haben schmerzhaft lernen müssen, dass Kritik an China viel kosten kann.

Aber auch, wenn die Kommunistische Partei Chinas mit viel Selbstvertrauen auftritt: Es ist nicht nur so, dass die EU China braucht. Auch China braucht den europäischen Absatzmarkt. Noch wichtiger ist: Die europäischen Unternehmen dienen China als Zulieferer für Technologien, die das Land bisher nicht besitzt. Zwar stellt sich hier das bekannte Problem der Produktpiraterie und des Technologieabflusses. Dennoch ist der technologische Vorsprung ein wichtiger Trumpf, den die Europäische Union noch besitzt.

---

[30] Vgl. im Folgenden: Lea Deuber: Zeit, sich gegen China zu wehren, in Süddeutsche Zeitung vom 23. April 2019

Prof. Bert Rürup stellt im Januar 2021 im Handelsblatt die Frage: „Wie also könnte das internationale Kräfteverhältnis in zehn Jahren aussehen? Wird China die USA dann als führende Weltmacht abgelöst haben?"[31] Das Londoner Centre for Economic and Business Research erwartet, dass Chinas Bruttoinlandsprodukt bereits im Jahr 2028 die Wirtschaftsleistung der USA übertreffen wird.[32] Auch Rürup kommt zum Schluss, dass China bis zum Ende des Jahrzehnts den Weg zur wirtschaftlichen Weltherrschaft gehen wird.[33]

Geben wir einer „Grande Dame" der Politik das letzte Wort. Die ehemalige US-Außenministerin Madeleine Albright plädiert dafür, dass Europa mit Amerika zusammenarbeitet beim Umgang mit China: „Wir sollten sehr vorsichtig sein. Die neue Seidenstraße ist ein Mittel, um uns voneinander zu trennen. China hat mehrere

---

[31] Bert Rürup: Ein Investitionsabkommen bringt in China kein Ende der Zwangsarbeit, in: Handelsblatt vom 6.1.2021, unter: https://www.handelsblatt.com/meinung/kommentare/analyse-serie-global-challenges-ein-investitionsabkommen-bringt-in-china-kein-ende-der-zwangsarbeit/26769732.html [Stand: 7.1.2021]

[32] Ebd.

[33] Ebd.

wichtige Einrichtungen in Europa gekauft und damit Abhängigkeiten hergestellt. Wir sollten uns bewusst sein, welche Motive die Chinesen verfolgen. Europa und die USA müssen deshalb eng kooperieren. Auch um zu verhindern, dass ein Land in die Schuldenfalle tappt, die China stellt. Wir müssen wachsam sein, was China betrifft."[34]

---

[34] Christof Münger: „Wir müssen wachsam sein, was China betrifft" Interview mit Madeleine Albright, In: Süddeutsche Zeitung vom 2./3. Januar 2021, S. 9

„Verschwörungstheorien können zu Radikalisierung führen
und damit auch zu Leuten, die
die Waffe in die Hand nehmen,
wie in Christchurch oder
Halle."

Prof. Dr. Michael Butter

Nachdenken statt querdenken!

Verschwörungstheorien haben in Zeiten der Corona-Pandemie Hochkonjunktur. Querdenker, Corona-Leugner, Impfgegner und Verschwörungstheoretiker misstrauen Medizinern, Virologen, Politikern, Pharmakonzernen, dem Robert-Koch-Institut oder der Weltgesundheitsorganisation WHO: Das Virus wurde wahlweise künstlich hergestellt oder mit Absicht verbreitet; die Regierungen haben sich gegen ihre Völker verschworen, um sie mit den Einschränkungen besser kontrollieren zu können. Zur Auswahl als Bösewicht steht auch Bill Gates, der das Virus in Umlauf gebracht haben soll, um alle Menschen mithilfe einer Impfung zu chippen und die Weltherrschaft zu erlangen.

Früher glaubten die Menschen an Verschwörungen von Hexen, Außerirdischen oder Freimaurern, manche zweifelten die Mondlandung an und viele glauben noch heute, dass Elvis lebt – irgendwo, entführt von Aliens. Heute sind die Verschwörungstheoretiker sichtbarer: Sie tummeln sich zu Tausenden in sozialen Netzwerken und teilen abstruse Posts, Videos und Bilder. Sie gehen auf die Straße, tragen Aluhüte, schaffen es bis in die Nachrichten.

Die Flut von Verschwörungstheorien ist fast unüberschaubar. Einige Beispiele:[35] Die USA haben die Anschläge des 11. September 2001 selbst durchgeführt; wir werden heimlich von einer Neuen Weltordnung kontrolliert, die uns über Chemtrails und Impfungen gefügig hält; Die Ukrainekrise wurde von der Nato orchestriert; Barack Obama wurde wahlweise nicht in den USA geboren oder er ist – wie Angela Merkel und George W. Bush – Teil einer Elite außerirdischer Reptilien, die sich von unserer negativen Energie ernährt; die Mondlandung hat natürlich nie stattgefunden, sondern wurde von der amerikanischen Regierung in einem Fernsehstudio inszeniert, und John F. Kennedy wurde von der CIA ermordet.

Was kennzeichnet eine Verschwörungstheorie? Dazu Michael Butter, Professor an der

---

[35] Vgl. Michael Butter: „Nichts ist, wie es scheint"; Über Verschwörungstheorien, Berlin, 3. Aufl. 2020, S. 11

Universität Tübingen, der sich seit über zwei Jahrzehnten mit Verschwörungstheorien beschäftigt:[36] „Verschwörungstheorien behaupten, dass eine im Geheimen operierende Gruppe, nämlich die Verschwörer, aus niedrigen Beweggründen versucht, eine Institution, ein Land oder die ganze Welt zu kontrollieren oder zu zerstören. Eine Verschwörung, egal ob real oder imaginiert, ist also niemals das Werk eines Einzelnen, sondern immer das einer kleineren oder größeren Gruppe von Menschen."

Nach der Einschätzung der EU-Kommission steckt hinter Verschwörungstheorien die Überzeugung, dass bestimmte Ereignisse oder Situationen von geheimen Mächten in negativer Absicht manipuliert werden.[37] Verschwörungstheorien haben danach sechs Dinge gemeinsam:

1. Eine angebliche, geheime Verschwörung.

2. Eine Gruppe von Verschwörern.

---

[36] Ebd. S. 21

[37] Vgl. dazu: Europäische Kommission: So erkennt man Verschwörungstheorien, unter: https://ec.europa.eu/info/live-work-travel-eu/coronavirus-response/fighting-disinformation/identifying-conspiracy-theories_de [Stand: 14.1.2021]

3. „Beweise", die die Verschwörungstheorie zu stützen scheinen.

4. Sie suggerieren, dass nichts von ungefähr geschieht, und dass es keine Zufälle gibt; nichts ist, wie es scheint – und alles gehört zusammen.

5. Sie unterteilen die Welt in Gut und Böse.

6. Sie machen bestimmte Menschen oder Gruppen zu Sündenböcken.

Am Anfang jeder Verschwörungstheorie steht das Misstrauen zwischen zwei gesellschaftlichen Gruppen. Bei den Verschwörern kann es sich um beliebige Personen, wie zum Beispiel Bill Gates oder Angela Merkel handeln. Im Regelfall ist es aber immer eine mächtige Gruppe, die verdeckt in bösen Absichten handelt, ob Geheimdienste, eine ethnische Volksgruppe, Politiker, Banker, Manager, die Pharmaindustrie oder sogar Außerirdische.[38]

---

[38] Vgl. dazu: Landeszentrale für politische Bildung Baden-Württemberg, Verschwörungstheorien. Warum sind sie so verbreitet und was kann man dagegen tun? unter: https://www.lpb-bw.de/verschwoerungstheorien [Stand: 14.1.2021]

Eine Verschwörungstheorie ist monokausal. Das bedeutet, dass bestimmte komplexe soziale Phänomene oder historische Ereignisse auf Verschwörungen zurückgeführt werden. Erklärungen werden dadurch vereinfacht. Hinter allen Entwicklungen der Welt stecke ein geheimer Plan: Nichts geschieht demnach zufällig und alles scheint irgendwie miteinander verbunden zu sein.

Die meisten Verschwörungstheorien haben den grundsätzlichen Glauben gemeinsam, dass als machtvoll wahrgenommene Einzelpersonen oder Gruppen wichtige Ereignisse steuern, die Bevölkerung aber über ihre Ziele im Dunkeln lassen würden.[39] Verschwörungstheorien treten auch eher bei Ereignissen auf, die als kollektiv bedrohlich gelten. Es lässt sich beobachten, dass nach jedem großen bedrohlichen Ereignis Verschwörungstheorien wild wuchern. Das können Terroranschläge sein wie der 11. September 2001, Wahlen, wie die von Trump als „gestohlen" bezeichnete US-Wahl, aber auch eben die Corona-Pandemie.

---

[39] Ebd. S. 3/32

Die Ausgangsthese jeder Verschwörungsthe-orie ist eine als dubios eingeschätzte Person oder eine Geheimgesellschaft, der man böse Machen-schaften und schreckliche Vorhaben unter-stellt.[40] Alles, was diese Ausgangsthese stützt, tragen die Autoren der Verschwörungserzäh-lung zusammen. Was ihrer These widerspricht, lassen sie schlicht unter den Tisch fallen. Eine Verschwörungstheorie ist somit eine Mischung aus einigen nachprüfbaren Fakten und vielen er-fundenen Behauptungen und Geschichten, aus denen immer neue Sinnzusammenhänge kon-struiert werden. Wirkungsvoll ist es, die Wissen-schaft oder die Presse („Lügenpresse") in Frage zu stellen und zu attackieren. Große Wirkung er-zielen Verschwörungstheoretiker auch damit, ihre Gegner zu dämonisieren.

Viele Verschwörungstheorien werden von Menschen erdacht, die wirklich daran glauben. Am Anfang steht ein Verdacht, und die wichtige Frage: Wem nützt es? Es werden Verbindungen

---

[40] Vgl. Sabine Kaufmann, Martina Frietsch: Verschwö-rungsideologien, unter: https://www.planet-wissen/gesell-schaft/psychologie/verschwoerungstheorien/index.html [Stand: 14.1.2021]

hergestellt, ein Verdacht formuliert. Die Gruppe, die verdächtigt wird, wird nur vage beschrieben – die „Mächtigen", die „Politiker", der „Feind". Es bleibt Spielraum für Fantasie.

Hinter manchen Verschwörungstheorien stecken gut erkennbare finanzielle Interessen. Das Geschäft mit dem Schutz vor den mächtigen Geheimbünden läuft gut. Verkauft werden Bücher, Filme, Wunderheilmittel, T-Shirts, Survival-Kits und mehr. Videos auf YouTube und Co. bringen Millionen Clicks und damit Werbeeinnahmen.

Lassen sich die Motive für Verschwörungstheorien psychologisch erklären?[41] Ein Motiv ist das Streben nach Kontrolle und Sicherheit. Wenn Menschen aufgrund privater Problemlagen oder gesellschaftlicher Krisen das Gefühl haben, keine Kontrolle zu haben und sich ohnmächtig fühlen, versuchen sie Strategien zu finden, um damit umzugehen – und Verschwörungserzählungen können so eine Strategie sein. Der Zufall spielt

---

[41] Vgl. im Folgenden: Pia Lamberty: Die Psychologie des Verschwörungsglaubens, unter:
https://www.bpb.de/izpb/318704/die-psychologie-des-verschwoerungsglaubens [Stand: 14.1.2021]

dann weniger eine Rolle, es gibt Muster und die Welt wird begreifbarer. Wenn Menschen in Unsicherheit leben, sind sie empfänglicher für Verschwörungstheorien und meinen eher, dass Strippenzieher im Geheimen das Weltgeschehen lenken. Der Glaube an eine Verschwörung kann also sinnstiftend sein und die Welt ordnen.

Ein anderes Motiv, warum Menschen an Verschwörungstheorien glauben, kann auch das Streben nach einer positiven Selbstwahrnehmung sein. Die „Wahrheit" zu sehen, kann nicht nur Kontrolle erzeugen, sondern auch das Gefühl verstärken, „Unwissenden" etwas voraus zu haben, besonders zu sein. Damit wird der eigene Selbstwert erhöht.

Verschiedene Studien haben gezeigt, dass insbesondere Menschen, die ein starkes Bedürfnis danach haben, sich einzigartig zu fühlen, an Verschwörungstheorien glauben.[42] Man selbst ist in diesem Weltbild automatisch der Wissende und Gute, während die anderen entweder als Teil der Verschwörung gesehen oder als „Schlafschafe"

---

[42] Ebd.

diffamiert werden, die angeblich der Regierung, den Medien oder dem etablierten Gesundheitswesen blind hinterherlaufen. Menschen glauben also auch deswegen an Verschwörungen, weil sie sich dadurch besser fühlen können.

Ein französisches Forscherteam hat 2017 nachgewiesen,[43] dass der Glaube an Verschwörungstheorien auch mit dem menschlichen Bedürfnis nach Individualismus zusammenhängt. Wer an Verschwörungstheorien glaubt, grenzt sich automatisch von der überwiegenden Mehrheit der Bevölkerung ab. Der Verschwörungsgläubige ist derjenige, der *„erwacht"* ist und sich nun dazu berufen fühlt, die Masse an noch unwissenden *„Schlafschafen"* aufzuwecken und von der Wahrheit zu überzeugen. Indem man Verschwörungstheorien glaubt, hat man das Gefühl, anderen gegenüber durch scheinbar exklusives Wissen einen Vorsprung zu haben und zu verstehen, wie die Welt „tatsächlich" funktioniert.

---

[43] Vgl. Anthony Lantian u.a.: I Know Things They Don't Know!, unter: https://econtent.ho-grefe.com/doi/full/10.1027/1864-9335/a000306 [Stand: 14.1.2021]

Das wohl größte Problem bei Verschwörungstheorien ist das festgefahrene Weltbild, das nur schwer zu durchbrechen ist.[44] Wer sich einmal in der Welt der Verschwörungstheorien verloren hat, ist häufig kaum noch mit rationalen Argumenten zu überzeugen. Wer durch Fakten gegen diese Weltsicht argumentiert oder aufklären will, wird ignoriert oder selbst zum Teil der Verschwörung erklärt. Da Personen mit einer Verschwörungsmentalität allen Machtstrukturen grundsätzlich misstrauisch gegenüberstehen, werden auch Expertenmeinungen als „Propaganda der Eliten" wahrgenommen. Für sie ist alles Offizielle, was aus der Wissenschaft, den Medien oder den Behörden kommt, automatisch gelogen. Alles, was von offiziellen Institutionen kommt, muss also folglich falsch sein.

Ein Beispiel dafür sind Impfgegner, die im Impfen eine Verschwörung der Pharmalobby sehen. Je nach Auffassung soll Impfen demnach zu Autismus, Epilepsie, Krebs bis hin zur

---

[44] Vgl. im Folgenden: Landeszentrale für politische Bildung Baden-Württemberg, Verschwörungstheorien. Warum sind sie so verbreitet und was kann man dagegen tun? a.a.O., S. 8/32

Geisteskontrolle durch die Eliten führen.[45] Alle bisher gesammelten wissenschaftlichen Erkenntnisse und Warnungen werden bewusst ignoriert. Eltern, die sich weigern, ihre Kinder zu impfen, gefährden allerdings nicht nur das Wohl ihres eigenen Nachwuchses, sondern auch der Allgemeinheit. Dazu gehören etwa chronisch Kranke oder Neugeborene, die nicht geimpft werden können. Sie sind darauf angewiesen, dass genug Menschen geimpft sind, damit die lebensgefährdenden und ansteckenden Krankheiten keine Gefahr mehr darstellen.

Verschwörungstheorien können insbesondere dann gefährlich sein, wenn sie bestimmte Menschengruppen, etwa Juden oder Migranten stigmatisieren. Das traurigste Kapitel ist die millionenfache Ermordung von Juden durch das NS-Regime. Nach dem Ende des Zweiten Weltkriegs wurde zwar der Antisemitismus in nahezu allen westlichen Gesellschaften mehrheitlich geächtet. Jedoch hat der Antisemitismus – vor allem im Netz in Verbindung zu

---

[45] Vgl. Ebd., S. 9/32

Verschwörungstheorien – in den vergangenen Jahren wieder stark zugenommen.[46]

Auch die Verschwörungstheorien der sogenannten „Reichsbürger", die aus unterschiedlichsten Motiven die Existenz der Bundesrepublik Deutschland leugnen, hat nicht nur zu verbalen oder körperlichen Bedrohungen geführt, sondern bereits zu Todesfällen. „Reichsbürger" begreifen sich als die „wahren Bürger" des deutschen Staats, während die demokratisch gewählten Repräsentanten wie auch das Rechtssystem als illegitim angesehen werden. Probleme bereiten sie, indem sie die Zahlung von Steuern oder Bußgeldern verweigern, sich illegal Waffen beschaffen, eigene Dokumente wie einen „Reichspersonalausweis" erstellen oder sich gegen Vertreter von Staat und Justiz auflehnen.[47]

Bei den Demonstrationen gegen die Corona-Beschränkungen stehen auf den Plakaten Sätze wie „Gib Gates keine Chance", „Corona, die Jahrhundertlüge", „Viren bringen keine

---

[46] Ebd., S. 15/32
[47] Ebd., S. 11/32

Krankheit" oder „Gegen die Corona-Diktatur".
Es ist offensichtlich: Verschwörungstheorien
sind auf der Straße angekommen.

Angesichts zunehmender Verschwörungstheorien zur Corona-Pandemie hat Bundespräsident Frank-Walter Steinmeier zu Vernunft in der
politischen Debatte aufgerufen.[48] Den kritischen
Austausch müsse es geben, sagte er im Mai 2020
bei der Besichtigung eines neuen Reservekran-
kenhauses auf dem Berliner Messegelände. Die
Demokratie zeichne sich durch das Vorhanden-
sein einer kritischen Öffentlichkeit aus.

„Ja, solche Kritik, nachfragende Kritik muss es
immer geben", betonte er. „Politik muss sich
rechtfertigen, das tut sie auch. Wir diskutieren
immer wieder neu, welche Maßnahmen noch
aufrechtzuerhalten sind, wo gelockert werden
darf." Er hoffe jedoch, dass „nicht diejenigen die
Debatte bestimmen, die mit realitätsfremden
Thesen im Augenblick an die Öffentlichkeit treten". Er hoffe darüber hinaus, dass „Tatsachen

---

[48] Vgl. dazu: Fakten nicht ignorieren, Verschwörungstheorien widersprechen, unter: https://www.aerzteblatt.de/nach-
richten/112875/Fakten-nicht-ignorieren-Verschwoerungstheorien-wi-
dersprechen [Stand: 14.1.2021]

und Fakten nicht ignoriert werden, und dass wir uns mit Vernunft aus der gegenwärtigen Situation befreien". Er sei selbst medizinischer Laie. „Trotzdem traue ich mich zu behaupten, dass unter den Gesichtspunkten des Virusschutzes der vielleicht manchmal unbequeme und lästige Mundschutz empfehlenswerter ist als der Aluhut."

Noch deutlicher wurde der Bundespräsident bei der Eröffnung einer Ausstellung „Verschwörungstheorien – früher und heute":[49]

„Wer ernsthaft glaubt, dass dunkle Mächte hinter politischen Entscheidungen stehen, der kann nicht daran glauben, dass er Einfluss auf die politische Willensbildung nehmen kann, der kann kein Vertrauen in die Demokratie und demokratische Institutionen haben. Und der ist, auch das zeigt die Forschung, oft nur schwer mit rationalen Argumenten zu erreichen. Dennoch – und das ist Demokratie – müssen wir auf die

---

[49] Der Bundespräsident: Eröffnung der Ausstellung „Verschwörungstheorien – früher und heute", Lichtenau, 17. Mai 2019, unter: https://www.bundespraesident.de/Shared-Docs/Reden/DE/Frank-Walter-Steinmeier/Reden/2019/05/190517-Ausstellung-Verschwoerungstheorien.html [Stand: 14.1.2021]

Kraft der Aufklärung, auf die Kraft der Vernunft setzen.

Der Kampf gegen Desinformation und Verschwörungstheorien ist eine der großen Herausforderungen für die liberalen Demokratien. Es ist ein Kampf, der uns alle angeht, der in Familien, Schulen, Büros und Betrieben ebenso ausgetragen werden muss wie in Zeitungsredaktionen, sozialen Netzwerken und Parlamenten."

„Die neuen Medien machen uns nicht dumm oder gescheit, wohl aber dümmer oder gescheiter."

Ernst Ferstl, österreichischer Schriftsteller

Medienflut und Internet

„Wir ertrinken in Informationen, aber wir hungern nach Wissen".[50] Diese Feststellung des Trend- und Zukunftsforschers John Naisbitt aus dem Jahr 1982 hat nichts an Aktualität eingebüßt.

Menschen leben vom Informationsaustausch. Einst gab es nur die Mundpropaganda, später den Zeitungsdruck. In der heutigen „Medienrevolution" ist die rasante Digitalisierung der Welt für Jüngere selbstverständlich, verunsichert aber viele Ältere.[51] Die heutigen Medien-user sind durch mobile Endgeräte wie Smartphones, Tablets oder Laptops in ihrem Nutzungsverhalten und in ihrem Medienkonsum so unabhängig wie

---

[50] John Naisbitt: Megatrends: Ten New Directions Transforming Our Lives, New York 1982
[51] Einen umfassenden Überblick über die Medienlandschaft Deutschland gibt Wolfram Schrag. Vgl.: Wolfram Schrag: Medienlandschaft Deutschland, hrsg. von der Bayerischen Landeszentrale für politische Bildungsarbeit, 2. Aufl., München 2018, S. 16 ff.

noch nie. Viele aber versinken – und das jeden Tag ein wenig mehr – in der Medienflut.

1970 war die „alte" Medienwelt mit Radio, Zeitung und Buch noch überschaubar. Mit dem Internet, PC und Smartphone hat sich eine „neue" Medienwelt eröffnet, die zu kaum vorhersehbaren Veränderungen und Umbrüchen geführt hat. „Digital Natives", die Generationen, die mit den neuen digitalen Technologien aufgewachsen sind, nutzen die „neue" Medienwelt häufig, während die „alten Offliner" noch eine starke Zurückhaltung in der Benutzung der „neuen" Medienwelt zeigen. Diese Spaltung dürfte die Medienwelt aufgrund der demografischen Zusammensetzung der deutschen Bevölkerung noch zwei bis drei Jahrzehnte prägen.

1970 hätte niemand die rasante Entwicklung von Internet und später Smartphone auch nur annähernd voraussagen können. 1970 gab es in Deutschland nur 11.000 klobige und teure Funktelefone.[52] Erst in den 1990er Jahren begannen

---

[52] Vgl.: https://www.telespiegel.de/wissen/mobilfunknetze-deutschland/ [Stand: 9.3.2020]

das Internet und das World Wide Web sich rasant auszubreiten. Ursprünglich gingen das Internet und später das World Wide Web aus dem 1969 entwickelten ARPAnet hervor, einem Projekt der Advanced Research Project Agency (ARPA) des Verteidigungsministeriums der Vereinigten Staaten.[53]

Erste Smartphones gab es zwar bereits in den späten 1990er Jahren, aber erst mit der Einführung des iPhones mit seiner Multitouch-Bedienoberfläche im Jahr 2007 gewannen sie nennenswerte Marktanteile. 2018 betrug der Anteil der Smartphone-Nutzer an der Bevölkerung in Deutschland rund 81 Prozent.[54] 2012 lag dieser Anteil erst bei 36 Prozent.[55] Besonders bei Jugendlichen gehört die Benutzung des Smartphones zum unverzichtbaren Alltag. 97 Prozent der

---

[53] Vgl. z.B.: Simon Hülsbömer: Wie das Internet zur Welt kam, unter: https://www.computerwoche.de/a/wie-das-internet-zur-welt-kam,1901302 [Stand: 9.3.2020]

[54] Vgl. https://de.statista.com/statistik/daten/studie/585883/umfrage/anteil-der-smartphone-nutzer-in-deutschland/ [Stand: 9.3.2020]

[55] Ebd.

Jugendlichen zwischen 12 und 19 Jahren besitzen bereits ein Smartphone.[56]

Smartphones sind inzwischen fast zum „Alleskönner" geworden:[57] Sie sind Kommunikationszentrale (Mobiltelefone, Webbrowser, E-Mail, SMS, MMS sowie IP-Telefonie, Instant-Messaging und Chat, teilweise auch Fax, Video-Telefonie und Konferenz-Schaltungen), Personal Information Manager mit Adressbuch, Terminkalender, Geburtstagslisten, Notizblock etc., aber auch Diktiergerät und Datenspeicher. Smartphones haben Medienfunktionen mit Mediaplayer, Radio, Bildbetrachter, Foto- und Videokamera, sind Spiele-Plattform/mobile Spielekonsolen, verfügen über Navigationssysteme einschließlich standortbezogener Dienste wie mobile Umgebungssuche und sind mobile Zugangsgeräte zu IT-Diensten und Servern.

---

[56] Vgl. Landesmedienzentrale Baden-Württemberg: Das Smartphone - ein multimedialer Alleskönner: unter: https://www.lmz-bw.de/medien-und-bildung/jugendmedien-schutz/smartphones-apps/das-smartphone-ein-multimedialer-allesko-enner/#footnote-1 [Stand: 9.3.2020]

[57] Ebd.

Welche Rolle Smartphones in den nächsten Jahrzehnten spielen und ob es sie in dieser Form dann überhaupt aufgrund der rasanten Entwicklungen in der Informations- und Kommunikationstechnik noch gibt, kann heute keiner seriös voraussagen. Experten sehen zumindest für das nächste Jahrzehnt aber noch genügend Spielraum für weitere Entwicklungen der Smartphones.[58] Smartphones werden künftig vor allem noch wesentlich stärker mit anderen Geräten vernetzt werden: Zum Beispiel mit unserem Auto, mit Smartwatches, die unseren Puls messen oder mit Wearables, Kleidung, die zum Beispiel über Schweiß unsere Fitness untersucht.

Durch stärkere Prozessoren, bessere Vernetzung und Innovationen übernehmen Smartphones immer mehr Funktionen wie mobiles Bezahlen oder Smart-Home-Steuerung. Auch mobile Anwendungen der Virtual-Reality-Brillen, die derzeit noch wegen Akkukapazitäten und Rechenleistungsgrenzen eingeengt sind, sind in der

---

[58] Vgl. z.B.: Nadine Schimroszik: Neue Trends bringen Smartphones ins nächste Jahrzehnt, unter: https://de.reuters.com/article/deutschland-ifa-smartphones-idDEKCN1LG161 [Stand: 9.3.2020]

Entwicklung, ebenso wie Geräte mit biegsamen Displays, die wir als Uhr an der Hand tragen, dann einfach auffalten oder aufklappen und zum Smartphone machen oder auf die Größe eines Tablets ausfahren.[59]

Internet und Smartphone haben die „alte" Medienwelt zwar „aufgewirbelt". Erstaunlich ist allerdings, dass Fernsehen und Radio nach wie vor wichtige Eckpfeiler der Medienwelt darstellen. Von ARD und ZDF wurde zum elften Mal die Langzeitstudie Massenkommunikation in Auftrag gegeben.[60] Diese Studie untersucht seit über 50 Jahren die Mediennutzung in Deutschland. Im Mittelpunkt der Studie Massenkommunikation steht die Nutzung der tagesaktuellen Medien Fernsehen, Radio, Tageszeitung und Internet. Als weitere Medien werden Zeitschriften,

---

[59] Vgl. z.B.: Eike Kühl: Flexible Displays. Schatz, roll schon mal den Fernseher aus, unter: https://www.zeit.de/digital/mobil/2018-01/flexible-displays-ces-2018-las-vegas-fernseher-smartphone/seite-2 [Stand: 9.3.2020]

[60] Die „ARD/ZDF-Massenkommunikation Langzeitstudie" erscheint im Fünfjahresrhythmus, zuletzt im Jahr 2015. Vgl. https://www.ard-werbung.de/media-perspektiven/studien/langzeitstudie-massenkommunikation/ [Stand: 9.3.2020]

Bücher sowie Speichermedien für Audio und Video erfasst.

An einem durchschnittlichen Wochentag verbringt die Bevölkerung ab 14 Jahren in Deutschland rund 9,5 Stunden mit Medien.[61] Dies ist ein Wert, den man im ersten Moment so gar nicht glauben möchte. Zwar handelt es sich dabei um einen Bruttowert, das heißt, dass die Parallelnutzung mehrerer Medien gleichzeitig (z.B. im Internet surfen und dabei Radio hören) darin inbegriffen ist. Der Nettowert liegt aber mit 8,5 Stunden pro durchschnittlichen Wochentag immer noch sehr hoch.

Die tägliche Mediennutzungsdauer von rund 9,5 Stunden (brutto) verteilt sich folgendermaßen auf die einzelnen Medien: Fernsehen (208 Minuten) und Radio (173 Minuten) bleiben in der Gesamtbevölkerung die nutzungsstärksten Medien. Auf Rang 3 folgt das Internet (107 Minuten). Während die Nutzung von Tonträgern (24 Minuten) seit geraumer Zeit zurückgeht, ist das Lesen der Tageszeitung (23 Minuten) stabil

---

[61] Vgl. im Folgenden ebd.

geblieben. Leicht rückläufig ist die Lektüre von Büchern (19 Minuten). Zeitschriften und Video/DVD (jeweils 6 Minuten) spielen bei der täglichen Mediennutzung eine untergeordnete Rolle.

Interessant ist die Mediennutzung im Tagesablauf: Während das Radio (am Morgen und Vormittag) und vor allem das Fernsehen (am Abend) eindeutige Nutzungspeaks aufweisen, verteilt sich die Internetnutzung ab ca. 8.00 Uhr morgens über den gesamten Tag bis ca. 22.00 Uhr, ohne dass sich einzelne Nutzungsspitzen herauskristallisieren. In der Gesamtbevölkerung sind von 107 Minuten täglicher Internetnutzung 81 Minuten Kommunikation, Spiele, Shopping, Suchanwendungen etc. Die restlichen 26 Minuten Mediennutzung über das Internet entfallen auf jeweils 3 Minuten Fernsehen und weitere Videos, 2 Minuten Radio und 3 Minuten weitere Audiodateien, 4 Minuten Tageszeitung und 10 Minuten weitere Nachrichten (mit Rundungsdifferenzen ergeben sich 26 Minuten).

Es überrascht nicht, dass bei den 14- bis 29-Jährigen, die zweifelsohne zu den „Digital

Natives" gehören, das Internet mit einer täglichen Nutzung von 187 Minuten inzwischen an der Spitze der Mediennutzung in dieser Altersgruppe liegt. Davon entfallen 139 Minuten auf Kommunikation, Spiele, Shopping, Suchanwendungen etc. Die starke Stellung des Internets in dieser Altersgruppe ist auch eine Hauptursache dafür, dass unter den 14- bis 29-Jährigen nur noch 15 Prozent täglich eine gedruckte Tageszeitung lesen. Im Jahr 2000 waren es noch 36 Prozent. Dies wird sich in Zukunft nicht unerheblich auf die Geschäftsmodelle der Verleger und auf die Arbeit der Journalisten auswirken, da die elektronischen Medien immer mehr vordrängen.

Die Studie Massenkommunikation zeigt auf, dass die „alten" Medien Fernsehen und Radio von über 80 Prozent der Bevölkerung auch als Medien mit Zukunft eingeschätzt werden. Für beide Medien sind Hauptnutzungsmotive Information, Spaß und Entspannung. Für beide Medien bleibt auch künftig Regionales wichtig.

Zum Zukunftsszenario des Fernsehens gehört, dass 90 Prozent der Befragten der Meinung sind, dass es Kanäle mit „Leuchtturmfunktion" geben wird und dass die zeit- und ortsungebundene TV-Nutzung zunehmen wird. Wie sieht denn der Zukunftsforscher Horst W. Opaschowski die Zukunft des Fernsehens? Nachfolgend einige seiner Thesen:[62]

- TV-Sendungen werden kürzer als Reaktion auf die gewandelten Konsumgewohnheiten der Zuschauer: „Mehr erleben in gleicher Zeit". Insbesondere Vorabend-Programme können zum Fast-Food-TV im Halbstunden-Rhythmus werden. Für langatmige und nachdenkliche Sendungen bleibt wenig Spielraum – von Event-Sendungen (z.B. Sportübertragungen) einmal abgesehen.
- Zuschauer sind TV-Hopper und TV-Zapper zugleich, die von einem Kanal zum anderen springen und langweilige Sendungen per Knopfdruck einfach „abschießen".
- Die Treue zu TV-Sendern („ARD", „ZDF", „RTL" u.a.) und TV-Sendungen („Tagesschau", „Sportschau" u.a.) lässt weiter nach. Sender und Programme werden austauschbar.
- Das Fernsehen altert. Die Privatsender definieren ihre werberelevante Zielgruppe von 14

---

[62] Vgl. Horst W. Opaschowski: Deutschland 2030. Wie wir in Zukunft leben, Gütersloh 2013, S. 271 ff.

bis 49 auf 14 bis 59 Jahre oder mehr Jahre um. Die Werbewirtschaft stellt sich notgedrungen auf die „Silver-Generation", die „Master Consumer" und „Best Ager" ein.

- TV pur ist passé. „Nur fernsehen" geht weiter zurück, während immer mehr Nebenbeschäftigungen hinzukommen. So nehmen nicht nur die Umschalt-, sondern auch die inneren Abschaltquoten auf breiter Ebene zu.
- Fernsehen, Computer und Smartphone wachsen zusammen und wandeln sich zum Multimedium für TV-Programme, Computerspiele, Internet-Surfen, Fotoauswertung, Bildtelefon und anderes mehr.

Der rasante Wandel der Mediennutzung ist offensichtlich. Mit der wachsenden technischen Leistungsfähigkeit und der damit verbundenen Konvergenz der Medien verschwimmen die Nutzungsgrenzen zwischen Fernsehen, Radio und Internet sowie zwischen linearem Fernsehen und Online-Abrufdiensten.[63] Neue Verbreitungswege und Plattformen und eine breite Palette an mobilen und stationären Endgeräten ermöglichen diese neue Mediennachfrage. Viele

---

[63] Vgl. auch: Wolfram Schrag: Medienlandschaft Deutschland, hrsg., von der Bayerischen Landeszentrale für politische Bildungsarbeit, 2. Aufl., München 2018, S. 16 ff.

Nutzer, zunächst vor allem die Jüngeren, nehmen diese Angebote gerne an.

Eine Studie des Verbandes Deutscher Kabelnetzbetreiber (ANGA) „Medienkonsum der Zukunft" hat fünf Trends identifiziert, die innovative Möglichkeiten des zukünftigen Medienkonsums mit sich bringen:[64]

- Individualisierung und Personalisierung verlangen nach neuer Orientierung und neuen Services: Neben die klassische TV-Nutzung tritt zunehmend ein Medienkonsum unabhängig von Ort und Zeit. Insbesondere jüngere Medienrezipienten lösen sich zunehmend vom linearen Programmschema des klassischen Fernsehens und gestalten ihren Medienkonsum mithilfe von onlinebasierten Diensten frei.
- Nutzer werden plattformunabhängiger, zugleich etablieren sich neue Plattformen: Internetbasierte Streamingdienste und Videoportale erfreuen sich zunehmender Beliebtheit. Diese onlinebasierten Dienste, zu denen auch

---

[64] Vgl. im Folgenden: Verband Deutscher Kabelnetzbetreiber (ANGA): Medienkonsum der Zukunft, Berlin 2015, S. 3 ff.

Video-on-Demand-Angebote (VoD) zählen, ermöglichen den zeitunabhängigen Abruf von Filmen, Serien und anderen TV-Inhalten.

- TV-Everywhere: Bewegtbild wird auf allen Endgeräten verfügbar: 56 Prozent der Befragten geben an, dass sie bereits Fernsehen/Videos auch auf Smartphone, Tablet oder Laptop anschauen.

- Second-Screen-Siegeszug führt zum Verlust der TV-Alleinstellung: Mit der Verbreitung mobiler, internetfähiger Geräte wächst die parallele Nutzung von TV und Internet. Im Rahmen dieser Multi-Screen-Nutzung wird von 56 Prozent der Deutschen häufig ein internetfähiges Endgerät (Second Screen) parallel zum laufenden Fernsehprogramm (First Screen) genutzt. Dabei wird vor allem mit Freunden und Bekannten via E-Mail, Instant Messenger oder sozialen Netzwerken kommuniziert.

- Steigende Nachfrage nach Pay-TV und HD: Deutschland mag es scharf und smart! Pay-TV-Angebote gehören mit zu den am stärksten nachgefragten Fernsehangeboten von Kabelnetzbetreibern. Auch hochauflösende TV-Programme sind zunehmend beliebt. Die neue Generation hochauflösender Fernsehbilder in Ultra-HD bzw. 4k steht bereits in den Startlöchern. Darüber hinaus bringen innovative Interfaces, 3D-Fernsehen sowie

Augmented-Reality-Brillen, die die reale und die virtuelle Welt vermischen, neue Möglichkeiten für das Fernseherlebnis mit sich.

Viel ist in Bewegung in der Medienwelt und im Internet. Aber die kaum mehr überschaubare Medienflut produziert auch Infostress. Viele fühlen sich von der Medienflut förmlich überrollt. Gerade das Internet und das Smartphone lösen für viele Nutzer durch die permanente Erreichbarkeit in Verbindung mit dem Bestreben, keine Information oder Nachricht zu verpassen, Stress aus.

Die Drogenbeauftragte der Bundesregierung beim Bundesministerium für Gesundheit weist in ihrem Drogen- und Suchtbericht auf die Risiken einer exzessiven Nutzung von Computerspielen, Internet und Smartphone hin.[65] Mehr als jeder zweite Erwerbstätige in Deutschland (56,1 Prozent) spielt Computerspiele. 6,5 Prozent der Erwerbstätigen gelten als riskante Gamer. Das heißt: 2,6 Millionen Beschäftigte zeigen ein

---

[65] Vgl. Die Drogenbeauftragte der Bundesregierung beim Bundesministerium für Gesundheit: Drogen- und Suchtbericht 2019, Berlin 2019, S. 104 ff.

auffälliges Nutzungsverhalten.[66] Bei den Kindern und Jugendlichen zwischen 12 und 17 Jahren spielen 72,5 Prozent regelmäßig Computerspiele wie Fortnite, FIFA oder Minecraft.[67] Das sind hochgerechnet mehr als drei Millionen Minderjährige. Davon sind 15,4 Prozent oder 465.000 Kinder und Jugendliche Risikogamer, zeigen also ein riskantes oder pathologisches Spielverhalten. Der Weg dorthin ist kurz: Wer permanent im Internet unterwegs ist und dabei Freunde, Familie und Hobbys vernachlässigt, kann schnell suchtgefährdet werden.

Die Medienflut wird in Zukunft sicher nicht aufzuhalten sein. Umso dringlicher wird daher die Erziehung zur Medienkompetenz für Kinder und Jugendliche werden. Aber auch viele Erwachsene müssen sich verstärkt die Frage stellen, wie sie den Stress der Medienflut besser mit ihrer Gesundheit und mit ihrer Lebensqualität in Einklang bringen.

---

[66] Ebd. S. 107
[67] Vgl. ebd. 106 f.

Das Internet stellt uns zwar fast unbegrenzte Chancen und Möglichkeiten zur Verfügung. Jetzt und in Zukunft müssen aber auch zahlreiche Fragen wie Daten-, Jugend- oder Verbraucherschutz gelöst werden. Ein Beispiel hierzu, das das Bundesministerium für Familie, Senioren, Frauen und Jugend benennt:[68] Die Nutzungsbedingungen von sozialen Netzwerken und deren zunehmende Beliebtheit und Verbreitung führen häufig gerade bei jüngeren Nutzerinnen und Nutzern dazu, dass diese die Preisgabe von Daten in Kauf nehmen.

Auch eine exzessive Nutzung bis hin zu onlinebasiertem Suchtverhalten wird durch die Allgegenwart und Gestaltung der Angebote begünstigt. Cybergewalt, Cybermobbing, Cyberstalking und Cybersexismus sind oft die Fortsetzung der Gewalt im realen Raum mit digitalen Mitteln. Gerade Frauen und Mädchen sind hiervon in besonderem Maße betroffen.[69] Aufgrund

---

[68] Vgl. dazu: Bundesministerium für Familie, Senioren, Frauen und Jugend: Bericht zum Thema „Wertewandel in der Jugend und anderen gesellschaftlichen Gruppen durch Digitalisierung", Berlin 2016, S.3 ff.
[69] Ebd. S. 4

der räumlichen und zeitlichen Entgrenzung des Netzes entfaltet Cybergewalt eine besondere Wirkung im Hinblick auf die psychische Belastung der Betroffenen. Nicht selten erscheint dem Opfer das Netz mächtiger als die Täterin oder der Täter selbst. Die konsequente Verfolgung von Cybergewalt und von Hass im Netz ist eine große, noch ungelöste Herausforderung.

Ein weiteres gravierendes Problem des Internets, das zukünftig besser gelöst werden muss, sind Hackerangriffe.[70] Dies betrifft PCs, Laptops, Tablets und Smartphones, die trotz Virenscannern und anderen Sicherungssystemen angreifbar sind. Noch unsicherer sind allerdings Webkameras, Drucker, Router und Smart-TVs, die vielfach ungesichert sind. Da sie im globalen Netz sind, können Fremde aus der Ferne auf sie zugreifen. Viele sind entweder gar nicht mit einem Passwort geschützt oder mit einem, das Hacker in Windeseile knacken können. Hacker

---

[70] Vgl. z.B. Thomas Kuhn: Die fünf gefährlichsten Hacker-Strategien 2020, unter: https://www.wiwo.de/technologie/digitale-welt/cybersecurity-die-fuenf-gefaehrlichsten-hacker-strategien-2020/25357982.html [Stand: 9.3.2020]; oder: https://www.t-online.de/digital/sicherheit/id_81460850/hacker-angriff-fuenf-anzeichen-dass-ihr-pc-betroffen-ist.html [Stand: 9.3.2020]

können somit Zugriff auf private Daten gewinnen, Spähangriffe in Lagerhallen oder Wohnräumen durchführen, sie können in die private Smart-Home-Steuerung eingreifen oder autonomes Fahren manipulieren. Auch können sie durch sogenannte „Bot-Netze", also Schwärmen von Schadprogrammen, das Netz durch den Zugriff auf Zehn- oder Hunderttausende oder mehr schlecht geschützte Geräte erschüttern.

Das Internet der Zukunft wird – trotz vieler unbestreitbar großer Vorteile – zwingend von der erfolgreichen Lösung derartiger Probleme abhängen. Wie aber entgehen wir der Medienflut? Brauchen wir alle einen „Medienführerschein", um dem undurchdringlichen Informationsdschungel zu entrinnen? Sind wir schon Sklaven der neuen Medien geworden? Wie schaffen wir es, die unüberschaubare Flut von Medienangeboten so zu nutzen, dass es uns nutzt und nicht schadet? Es lohnt sich, darüber nachzudenken.

„Der Erfolg bei der Schaffung
einer effektiven Künstlichen
Intelligenz könnte das größte
Ereignis in der Geschichte
unserer Zivilisation sein.
Oder das Schlimmste.
Wir wissen es einfach nicht."

Stephen Hawking, Astrophysiker

Künstliche Intelligenz: Chance oder Bedrohung?

Jahrzehntelang galt Künstliche Intelligenz als aussichtsloses Unterfangen: zu kompliziert, zu teuer, zu wenig praktisch verwertbar. Erst vor wenigen Jahren kam es aufgrund der enorm gestiegenen Rechenleistung von Hochleistungsprozessoren in Verbindung mit schier unbegrenzten Speichertechnologien zu unerwarteten Durchbrüchen. Selbst Apple, Google und Facebook wurden davon überrascht. Sie hatten die großen Sprünge unterschätzt, die Künstliche Intelligenz in kurzer Zeit machen würde.[71]

Die Tech-Riesen reagierten mit Zukäufen. Populärstes Beispiel: Der Kauf des kleinen britischen Labors für Künstliche Intelligenz namens DeepMind 2014 durch Google. Auch Facebook, Apple, Microsoft und andere führende Unternehmen wie Tesla oder der chinesische Konzern Alibaba investierten im großen Stil. Doch

---

[71] Vgl. z.B. Christoph Keese: Silicon Germany. Wie wir die digitale Transformation schaffen, München 2016, S. 162 ff.

niemand hat so viele Experten versammelt und so große Sprünge gemacht wie Google.[72]

Woher kamen die überraschenden Fortschritte der Künstlichen Intelligenz? Computer können jetzt dazulernen und Dinge erkennen, die bisher nur das menschliche Gehirn verarbeiten konnte. Verantwortlich dafür sind zwei technische Entwicklungen, die nach Jahrzehnten mühsamer Forschung in Künstlicher Intelligenz jetzt riesige Fortschritte möglich machen: „Machine Learning" und „Deep Learning".[73]

Beim maschinellen Lernen merken sich Computer Anwendungsbeispiele, erkennen Gesetzmäßigkeiten und können mit diesem Wissen später auch neue Situationen ohne menschliche Hilfe meistern. Beim „Deep Learning" werden viele Berechnungen nacheinander auf

[72] Vgl. dazu auch: Thomas Schulz: Was Google wirklich will. Wie der einflussreichste Konzern der Welt unsere Zukunft verändert, München 2015, S. 184 ff.

[73] Vgl. z.B. Tobias Kollmann, Holger Schmidt: Deutschland 4.0. Wie die Digitale Transformation gelingt, Wiesbaden 2016, S. 49 ff.

unterschiedlichen Datenschichten (neuronalen Netzen) angewendet. Das ist nur mit gigantischen Rechenleistungen und riesigen Datenmengen („Big Data") möglich. Mit dieser Methode haben zum Beispiel Google und Apple ihre Spracherkennungssysteme wesentlich verbessert.

Aber auch Übersetzungsdienste wie Google Translate kommen schnell voran. Vor einigen Jahren waren die Übersetzungen noch sehr fehleranfällig. Heute kann das Computerprogramm auf der Basis der Künstlichen Intelligenz die Aufgabe des Übersetzens frappierend gut meistern – und das nach heutigem Stand in 103 Sprachen.[74] So polyglott ist weltweit kein Mensch.

Ein signifikantes Beispiel für das Vorpreschen der Künstlichen Intelligenz ist das chinesische Brettspiel Go, das weltweit von Millionen Menschen vor allem in Asien, aber zunehmend auch in Europa gespielt wird. Das Spiel ist viel komplexer als Schach. Es gibt so viele mögliche

---

[74] Vgl. https://www.heise.de/newsticker/meldung/Google-Uebersetzer-kennt-nun-ueber-100-Sprachen-3111654.html [Stand: 20.2.2020]

Kombinationen, dass man sie schlicht nicht alle ausrechnen kann.[75]

2016 hat die lernfähige Software AlphaGo von Google, entwickelt von DeepMind, den südkoreanischen Weltmeister und Großmeister von Go, Lee Sedol, herausgefordert und in vier von fünf Partien besiegt. AlphaGo lernte mit zwei unterschiedlichen Methoden: Es wurde mit Zehntausenden historischen Go-Partien gefüttert und es spielte gegen sich selbst.

Seit Oktober 2017 gibt es als jüngstes Kind der AlphaGo-Familie nun AlphaGo Zero. Es läuft auf deutlich einfacherer Hardware als das Monster, das 2016 Lee Sedol schlug, und es kommt mit nur einem neuronalen Netz aus, das im Konzert mit einem anderen KI-System arbeitet. AlphaGo Zero bekam keinerlei Hinweise auf gute Strategien. Man brachte ihm lediglich die Spielregeln bei. Binnen drei Tagen spielte AlphaGo Zero 4,9

---

[75] Marc Beise, Ulrich Schäfer: Deutschland digital. Unsere Antwort auf das Silicon Valley, Frankfurt am Main 2016, S. 148 f.

Millionen Partien gegen sich selbst und lernte dabei aus seinen Fehlern.

Ergebnis: Der Autodidakt AlphaGo Zero schlug das ältere, auf der Basis menschlichen Inputs trainierte System mit 100 zu 0.[76] Ende 2019 gab der südkoreanische Go-Champion Sedol endgültig auf. Er will keine professionellen Wettkämpfe mehr bestreiten. Der Grund: Er sieht sich als ewige Nummer Zwei hinter der Künstlichen Intelligenz. Sedol: „KI ist unbesiegbar."[77]

Die auf neuronalen Netzen basierenden Systeme können nicht nur Go spielen, sie lassen sich für eine Vielzahl von Problemstellungen einsetzen: von Bilderkennung über Übersetzungen bis hin zur Krebserkennung, der Entwicklung neuer Werkstoffe oder Medikamente oder für

---

[76] Vgl. Maximilian Schreiner: Der Aufstieg der KI: Zehn Jahre Künstliche Intelligenz und ihre Zukunft, unter: https://mixed.de/aufstieg-kuenstlicher-intelligenz-rueckblick-und-ausblick/ [Stand: 19.2.2020]

[77] Tomislav Bezmalinovic: „KI ist unbesiegbar": Go-Champion Lee Sedol gibt auf, unter: https://mixed.de/go-champion-hoert-auf-ki-unschlagbar/ [Stand: 19.2.2020]

selbstfahrende Autos. Künstliche Intelligenz steckt heute schon in unglaublich vielen Bereichen: in Suchmaschinen wie Google, über Staubsauger-Roboter bis zur Diagnose von Krankheiten, der Überwachung öffentlicher Plätze und der Berechnung von Aktien-Kursen.

Vor einiger Zeit verkündeten fast zeitgleich der amerikanische Software-Gigant Microsoft und der chinesische Konzern Alibaba, dass sie Künstliche Intelligenz-Programme entwickelt hätten, die bei einem Standardtest im Leseverständnis besser abschnitten als menschliche Kontrahenten.[78] Auch wenn Forscher der kalifornischen Standford University, die den Test dazu entwickelten, selbst einräumten, dass der Test Maschinen tendenziell begünstigt, eins ist klar: Künstliche Intelligenz wird unser Leben in den nächsten Jahren und Jahrzehnten radikal verändern.

---

[78] Vgl. Johann Grolle: Künstliche Intelligenz. Wenn der Computer versteht, was er liest, unter: https://www.spiegel.de/wissenschaft/mensch/kuenstliche-intelligenz-wenn-der-computer-versteht-was-er-liest-a-1189094.html [Stand: 19.2.2020]

Das Thema Künstliche Intelligenz (KI) ist vielfach emotional stark aufgeladen. Die einen sehen KI als Menschheitserlöser, die anderen fürchten sich vor einer drohenden Übermacht der Maschinen. Beide Sichtweisen sind einseitig. Die Zukunft gehört nach Auffassung des Frankfurter Zukunftsinstituts der Allianz von Mensch und Maschine.[79] Künstliche Intelligenz wird sich in vielen Bereichen durchsetzen, weil sie im Gegensatz zur „Datenverarbeitung" in die Zukunft schaut: KI kann die Bewegung eines Autos prognostizieren und seine Kollisionswahrscheinlichkeit reduzieren. KI kann Millionen von Bildern nach Krebsanzeichen durchsuchen. KI kann den Ausfall von Systemen und Maschinen voraussagen.[80]

Auf neuronalen Netzen basierende Systeme werden in naher Zukunft viele Probleme lösen, an denen die Menschheit seit Jahrhunderten scheiterte. Aufgabe von Wirtschaft, Wissenschaft, Staat und Gesellschaft muss es dabei sein,

---

[79] Vgl. Zukunftsinstitut: 6 Thesen zur Künstlichen Intelligenz, unter: https://www.zukunftsinstitut.de/artikel/digitalisierung/6-thesen-zur-kuenstlichen-intelligenz/ [Stand: 19.2.2020]
[80] Ebd.

Risiken und negative Auswirkungen soweit wie möglich zu begrenzen, aber gleichzeitig die sich bietenden Chancen zu nutzen. Das ist zweifellos eine sehr schwierige Aufgabe.

Der international angesehene Astrophysiker Stephen Hawking sagte wenige Monate vor seinem Tod bei der Technologie-Konferenz „Web Summit" in Lissabon: [81] „Der Erfolg bei der Schaffung einer effektiven KI könnte das größte Ereignis in der Geschichte unserer Zivilisation sein. Oder das Schlimmste. Wir wissen es einfach nicht. Also können wir nicht wissen, ob wir unendlich von der KI unterstützt oder ignoriert, gefüttert oder möglicherweise zerstört werden."

[81] https://futurezone.at/science/stephen-hawking-ki-koennte-schlimmstes-ereignis-der-menschheit-werden/296.805.846 [Stand: 19.2.2020]

"Der Sinn des Lebens
besteht nicht darin ein
erfolgreicher Mensch zu sein,
sondern ein wertvoller."

Albert Einstein

Welche Werte leiten uns?

Werte definieren, wonach wir als Gesellschaft, aber auch als Einzelne streben und welche Ziele wir im Leben verfolgen. Streben wir alle nach Besitz, Wohlstand und Ordnung? Oder suchen wir das Risiko, streben nach Selbstverwirklichung und glauben an non-konforme Ideale?[82] Der gesellschaftliche Wertekanon ist einem ständigen Wandel unterworfen und wird immer komplexer und umfangreicher.

Eine aktuelle Studie im Auftrag des Bundesministeriums für Bildung und Forschung vom August 2020[83] zeigt auf, dass Werte nach wie vor durch die klassischen Sozialisationsinstanzen Eltern, Freundinnen, Freunde, Partnerinnen, Partner, Ausbildung und Arbeitswelt geprägt werden. Sosehr sich das Alltagsverhalten durch die

---

[82] Vgl. auch: Maximilian Reichlin: Werte und Wertewandel – Gesellschaft und Mensch im Fluss, unter: https://uni.de/redaktion/werte-und-wertewandel [Stand: 18.1.2021]
[83] Bundesministerium für Bildung und Forschung (Hrsg.): Studie: Zukunft von Wertvorstellungen der Menschen in unserem Land, Berlin August 2020, S. 8

Nutzung von digitalen sozialen Medien auch verändert, scheinen sie doch noch keine wertebeeinflussende Kraft gewonnen zu haben.

Insgesamt stellt sich die deutsche Gesellschaft als leistungsorientiert und materialistisch, mit einem Hang zum Hedonismus und zur Selbstverwirklichung dar.[84] Zwar gibt es den Wunsch nach einer solidarischen und gerechten Gesellschaft. Es zeichnen sich jedoch einige Bruchlinien ab, die diesem Wunsch entgegenstehen. Dazu zählen einerseits die anhaltenden Einkommensunterschiede, zunehmender Egoismus und Leistungsorientierung und andererseits ein Auseinanderdriften der Wertvorstellungen.

Zunächst: Was ist das Grundgerüst für unsere Werte? Das Grundgerüst für unsere Werte bildet das Grundgesetz der Bundesrepublik Deutschland, das vom Parlamentarischen Rat, dessen Mitglieder von den Landesparlamenten gewählt worden waren, am 8. Mai 1949 beschlossen und von den Alliierten genehmigt wurde. Artikel 1 garantiert die Unantastbarkeit der

---

[84] Ebd.

Menschenwürde und sichert die Rechtsverbind-
lichkeit der Grundrechte.[85]

Zu den Grundrechten mit Menschenrechts-
charakter gehören insbesondere:[86] Das Recht jeder Person auf die freie Entfaltung seiner Persön-
lichkeit und das Recht auf Leben und körperli-
che Unversehrtheit. Alle Menschen sind vor dem
Gesetz gleich. Männer und Frauen sind gleichbe-
rechtigt. Niemand darf wegen seines Ge-
schlechts, seiner Abstammung, seiner Rasse, seiner Sprache, seiner Heimat und Herkunft, seines
Glaubens, seiner religiösen oder politischen Anschauungen benachteiligt oder bevorzugt werden. Niemand darf wegen seiner Behinderung
benachteiligt werden. Die Freiheit des Glaubens,
des Gewissens und die Freiheit des religiösen
und weltanschaulichen Bekenntnisses sind un-
verletzlich. Jeder hat das Recht, seine Meinung
in Wort, Schrift und Bild frei zu äußern und zu
verbreiten und sich aus allgemein zugänglichen
Quellen   ungehindert   zu   unterrichten.

---

[85] Grundgesetz für die Bundesrepublik Deutschland vom
23. Mai 1949 (BGBl. S. 1), zuletzt geändert durch Artikel 1
des Gesetzes vom 15. November 2019 (BGBl. I S. 1546)
[86] Ebd. Artikel 2 ff.

Voraussetzungen dafür sind die Pressefreiheit und die Freiheit der Berichterstattung durch Rundfunk und Film.

Soweit die Nennung wesentlicher Menschenrechte, die das Fundament unserer Werteordnung bilden. Zwar schützt die Verfassung aufgrund der historischen Erfahrung des Nationalsozialismus den Erhalt der Grundrechte im Sinne einer wehrhaften Demokratie. Das entbindet die Gesellschaft aber nicht von einem steten Ringen um Erhalt und Weiterentwicklung der Menschenrechte in unserem Gemeinwesen.

Ein Blick in Staaten, in denen zum Beispiel die Meinungsfreiheit unterbunden wird oder Menschen aufgrund ihrer ethnischen Zugehörigkeit, ihrer religiösen oder politischen Anschauungen verfolgt werden, zeigt uns, wie wichtig diese Grundrechte für das Zusammenleben in Deutschland nach wie vor und auch in Zukunft sind.

Das Grundgesetz und die Menschenrechte sind ein unverzichtbares Wertefundament. Für den einzelnen Menschen spielen aber auch – wie es der Soziologe Helmut Klages feststellt[87] – einerseits sogenannte Pflicht- und Akzeptanzwerte wie Fleiß, Pflichterfüllung, Gehorsam, Disziplin u.a. und andererseits Selbstentfaltungswerte wie Spontaneität, Genuss, Kreativität, Selbstverwirklichung u.a. eine Rolle für die Orientierung.

Seit den 1970er Jahren hat sich – so Klages - das Gewicht von den traditionellen Pflicht-Werten stärker zu den Selbstentfaltungswerten verlagert und zu einer neuen Wertekombination geführt. Allerdings ist die Wertehierarchie unserer Gesellschaft kein starres System, sondern aufgrund sozialer, wirtschaftlicher oder technischer Veränderungen einem ständigen Wandel unterworfen.

Die Zukunftshoffnungen der Deutschen gehen in Richtung prosozialer Werte, wie es der

---

[87] Vgl. Helmut Klages: Wertorientierung im Wandel, Frankfurt am Main/New York 1984; sowie: Helmut Klages: Brauchen wir eine Rückkehr zu traditionellen Werten? in: Aus Politik und Zeitgeschehen, Nr. 29/2001, S. 7 ff.

Soziologe Karl-Heinz Hillmann in seinem Buch „Wertewandel. Ursachen, Tendenzen, Folgen" feststellt.[88] Seit Beginn des 21. Jahrhunderts zeichnet sich nach Hillmann ein Wertewandel mit positiver Grundrichtung ab. Im Vordergrund stehen wieder „prosoziale Werte", die auf ein gutes Zusammenleben der Menschen ausgerichtet sind. Dazu zählen vor allem Freundschaft und Verlässlichkeit, aber auch soziale Gerechtigkeit, Hilfsbereitschaft, Loyalität und Verantwortung. Ob der Trend zu „prosozialen Werten" anhält oder ob unser Wertesystem in den nächsten Jahrzehnten neue Werte und wenn ja, welche Kombinationen und Gewichtungen enthält, lässt sich heute noch nicht erkennen.

Die Zukunft – so Helmut Klages – gehört einem Persönlichkeitstyp, der gleichermaßen traditionelle und moderne Werte schätzt und verkörpert.[89] „Aktive Realisten" sind Menschen, die sich zwischen Altem und Neuem souverän zu

---

[88] Karl-Heinz Hillmann: Wertewandel. Ursachen, Tendenzen, Folgen, Würzburg 2003

[89] Helmut Klages: Brauchen wir eine Rückkehr zu traditionellen Werten? in: Aus Politik und Zeitgeschehen, Nr. 29/2001, S. 10 ff.

bewegen wissen. Sie repräsentieren ein spannungsreiches Persönlichkeitsprofil, können diszipliniert und gleichzeitig kommunikativ, durchsetzungsfähig und kooperativ, fleißig und sensibel, aktiv und kreativ sein. Die neuen aktiven Realisten haben Tradition und Moderne verinnerlicht und leben danach.

Interessant ist die Frage, wie unsere heutige Jugend sich, ihre Welt und ihre Werte sieht. Bereits seit 1953 beauftragt Shell unabhängige Wissenschaftler und Institute mit der Erstellung von Studien, um Sichtweisen, Stimmungen und Erwartungen von Jugendlichen in Deutschland zu dokumentieren. Die aktuelle 18. Shell Studie „Jugend 2019"[90] widmet sich einer Generation, die vollständig im wiedervereinigten Deutschland aufgewachsen ist. Kalter Krieg und Mauerfall, prägende Elemente beim Aufwachsen vorangegangener Generationen, kennt die junge Generation heute nur aus Erzählungen.

---

[90] Vgl. im Folgenden: Shell Jugendstudie 2019. Eine Generation meldet sich zu Wort, unter:
https://www.shell.de/ueber-uns/shell-jugendstudie/_jcr_content/par/toptasks.stream/1570708341213/4a002dff58a7a9540cb9e83ee0a37a0ed8a0fd55/shell-youth-study-summary-2019-de.pdf [Stand: 22.3.2020]

Die 18. Shell Studie zeigt als zentrale Resultate auf, dass sich Jugendliche vermehrt zu Wort melden und ihre Interessen und Ansprüche nicht nur untereinander, sondern zunehmend auch gegenüber Politik, Gesellschaft und Arbeitgebern artikulieren. Dabei blickt die Mehrheit der Jugendlichen eher positiv in die Zukunft. Ihre Zufriedenheit mit der Demokratie nimmt zu. Die EU wird überwiegend positiv wahrgenommen. Jugendliche sind mehrheitlich tolerant und gesellschaftlich liberal. Am meisten Angst macht Jugendlichen die Umweltzerstörung.

Mehr als drei Viertel der Jugendlichen sind mit der Demokratie zufrieden. Gleichzeitig kritisieren mehr als zwei Drittel, dass die Politiker sich nicht um ihre Belange kümmern, was als Ursache für Politikverdrossenheit gesehen werden kann. Bei der Frage nach dem Vertrauen in Institutionen kommen die Polizei, das Bundesverfassungsgericht und Umweltschutzgruppen auf deutlich überdurchschnittliche Werte. Großen Unternehmen, Kirchen, Parteien und Banken wird deutlich weniger Vertrauen entgegengebracht.

Für die überwältigende Mehrheit der Jugendlichen bilden nach wie vor gute Freunde, eine vertrauensvolle Partnerschaft und ein gutes Familienleben die wichtigsten Werte. Ein hoher Lebensstandard und die Durchsetzung eigener Bedürfnisse verlieren vergleichsweise stark an Bedeutung. Idealistische, eher sinnstiftende Wertorientierungen stehen bei jungen Menschen wieder höher im Kurs. Insgesamt zeigt die 18. Shell Studie, dass die heutige Jugend keine „Null-Bock" Generation ist, sondern mit kritischem Engagement und einer grundsätzlich positiven Grundeinstellung den Weg in die Zukunft geht.

Alois Glück, einer der wenigen Politiker, die als "Vordenker" Respekt und Anerkennung über die Parteigrenzen hinaus genießen, hat sich mit den Grundlagen einer zukunftsfähigen Kultur und mit der prägenden Wirkung von Werten und Leitbildern beschäftigt. Dazu im Folgenden Alois Glück:[91]

---

[91] Vgl. im Folgenden: Alois Glück, Wertewandel in der Demokratie, Politische Studien 2016, unter:
https://www.hss.de/publikationen/politische-studien-465-im-fokus-wertewandel-in-der-demokratie-pub132/ [Stand: 18.1.2021] S. 56 f.

„Unsere heutige Art zu leben ist nicht zukunftsfähig, weder ökonomisch noch ökologisch noch durch die zunehmenden Anforderungen an die Menschen. Unsere heutige Art zu leben macht immer mehr Menschen krank, und immer mehr Menschen fühlen sich in einer Sackgasse. Eine dauerhaft tragfähige Lebenskultur braucht andere Leitbilder als die unserer Wachstums- und Konsumgesellschaft.

Das Leitbild für die Welt von morgen, für den notwendigen Fortschritt und den Weg zu einer zukunftsfähigen Lebenskultur heißt Nachhaltigkeit. Nachhaltigkeit bedeutet vor allem längerfristig denken und somit Zukunftsverantwortung übernehmen. Nachhaltigkeit und Gerechtigkeit sind eineiige Zwillinge. Dieses Leitbild schließt ein, dass die Würde des Menschen im Vordergrund steht, gerechte Chancen für alle Menschen in unserer Gesellschaft und in allen Erdteilen Ziel und Verpflichtung sind, wir unser Leben so führen und gestalten, damit auch kommende Generationen wenigstens ähnliche Lebenschancen und Möglichkeiten für die Gestaltung ihrer Zukunft haben, was konkret kein Leben auf Kosten der Substanz bedeutet und wir mit Rücksicht gegenüber der Schöpfung schonend und effizient unsere Ressourcen nutzen und einen entsprechenden Lebensstil pflegen."

Zum Abschluss: Der „Altmeister" der deutschen Zukunftsforschung, Horst W. Opaschowski, hat aufbauend auf seiner jahrzehntelangen Arbeit über die Zukunft Deutschlands zehn Empfehlungen formuliert. Sie regen zum Nachdenken an, was davon für den eigenen Lebensentwurf relevant sein kann.

Opaschowski: [92] „Wer persönliches Wohlergehen (und nicht nur materiellen Wohlstand) erreichen will, der/die sollte die folgenden zehn Anleitungen und Empfehlungen für ein gelingendes Leben im 21. Jahrhundert beherzigen:

- Bleib nicht dauernd dran; schalt doch mal ab.

- Versuche nicht, permanent deinen Lebensstandard zu verbessern oder ihn gar mit Lebensqualität zu verwechseln.

---

[92] Horst W. Opaschowski: So wollen wir leben! Die 10 Zukunftshoffnungen der Deutschen, Gütersloh 2014, S. 197

- Knüpfe dir ein verlässliches soziales Netz, damit dich Freunde und Nachbarn als soziale Konvois ein Leben lang begleiten können.

- Mach die Familie zur Konstante deines Lebens und ermutige Kinder und Jugendliche zu dauerhaften Bindungen.

- Definiere deinen Lebenssinn neu: Leben ist die Lust zu schaffen.

- Genieße nach Maß, damit du länger genießen kannst.

- Mach nicht alle deine Träume wahr; heb dir noch unerfüllte Wünsche auf.

- Du allein kannst es, aber du kannst es nicht allein. Hilf anderen, damit auch dir geholfen wird.

- Tu nichts auf Kosten anderer oder zu Lasten nachwachsender Generationen: Sorge nachhaltig dafür, dass das Leben kommender Generationen lebenswert bleibt.

- Verdien Dir deine Lebensqualität – durch Arbeit oder gute Werke: Es gibt nichts Gutes; es sei denn, man tut es."

„Wenn der Mensch nicht über das nachdenkt, was in ferner Zukunft liegt, wird er das schon in naher Zukunft bereuen."

Konfuzius

Wem gehört die Zukunft?

Vor 10.000 Jahren waren die meisten Menschen Jäger und Sammler. Doch die Zukunft gehörte den Bauern. Bis Ende des 18. Jahrhunderts waren mehr als 90 Prozent der Menschen Bauern.[93] Für Jäger und Sammler spielte die Zukunft keine große Rolle, da sie von der Hand in den Mund lebten und kaum Möglichkeiten hatten, Vorräte oder Besitzungen anzuhäufen. Bauern hingegen mussten schon immer an die Zukunft denken. Kurz nachdem das Korn gedroschen war, stand der Bauer schon wieder auf dem Feld: Er hatte zwar genug zu essen für die kommenden Tage, Wochen und Monate, doch er musste schon wieder für das nächste und übernächste Jahr planen.

Seit Beginn des 19. Jahrhunderts kam es zu tiefgreifenden Umbrüchen. Vorausdenken wurde immer wichtiger. Die Erste Industrielle

---

[93] Vgl. im Folgenden: Yuval Noah Harari: Eine kurze Geschichte der Menschheit, 23. Aufl., München 2015, S. 128 ff.

Revolution brachte die Erfindung der Dampfmaschine und den Bau von Eisenbahnen. Die bis in das frühe 20. Jahrhundert hineinreichende Zweite Industrielle Revolution führte durch die Nutzung der Elektrizität und durch die Erfindung des Fließbandes zur Massenproduktion.

Die Dritte Industrielle Revolution, auch Computer- oder digitale Revolution genannt, begann in den 1960er Jahren. Am Anfang des 21. Jahrhunderts stehen wir – wie es der langjährige Vorsitzende des Weltwirtschaftsforums Klaus Schwab formuliert – am Beginn der Vierten Industriellen Revolution.[94] Dies ist der Beginn eines tiefgreifenden Wandels, der unsere Art zu leben, zu arbeiten und miteinander zu interagieren, grundlegend verändern wird.

Technische Innovationen erzielen Durchbrüche und verstärken sich gegenseitig. Künstliche

---

[94] Klaus Schwab: Die Vierte Industrielle Revolution, 3. Aufl., München 2016; vgl. auch: Thies Claussen: Unsere Zukunft nach Corona. Künftige Entwicklungen in Gesellschaft, Wirtschaft, Umwelt und Technik, Hamburg 2020, S. 239 ff.

Intelligenz, Internet der Dinge, 3D-Druck, Nano-
, Bio- oder Gentechnologie, Robotik und viele andere Technologien führen durch Vernetzungen
und Querschnittswirkungen zu überraschenden
neuen Lösungen. Das Tempo und die Breiten-
wirkungen sind selbst für Experten kaum noch
einschätzbar.

Rechenleistungen, Speicherkapazitäten und
der Zugang zu Wissen stehen für bald Milliarden von Menschen in einem bisher unbekannten
Umfang zur Verfügung. Der technologische
Wandel hat das Potenzial, die Fliehkräfte, die in
unserer Gesellschaft angelegt sind, noch zu verstärken. Die Beschleunigung ist spürbar. Die
Wellen des technischen Fortschritts erreichen
uns in immer kürzeren Abständen.

Bei allem technischen Fortschritt: Es wäre ein
Irrglauben davon auszugehen, dass sich alle
Probleme technisch sofort und vollständig lösen
lassen. 2020 hat die Corona-Pandemie gezeigt,
dass weltweit trotz hochspezialisierter Labore
und Forschungseinrichtungen die Entwicklung
geeigneter Medikamente und wirkungsvoller
Impfstoffe nicht in wenigen Wochen oder

Monaten zu lösen ist. Viren und Naturkatastrophen zeigen der Menschheit ihre Grenzen auf. Demut ist angesagt und nicht grenzenlose Fortschrittsgläubigkeit.

Kann in dieser Umbruchphase unsere Gesellschaft stabil bleiben? Kann in der Vierten Industriellen Revolution der soziale Zusammenhalt gewahrt werden, der Zusammenhalt zwischen Wohlhabenden und Geringverdienern, zwischen Hochqualifizierten und gering Qualifizierten, zwischen Stadt und Land, Ost und West? Können wir den Trend der Polarisierung unserer Gesellschaft umkehren? Und wenn ja, wie? Zahlreiche Fragen lassen sich gegenwärtig nicht schlüssig beantworten.

Vieles, was vor 20 Jahren noch undenkbar erschien, ist jetzt in greifbare Nähe gerückt. Die selbstfahrenden Autos sind bereits im Probebetrieb und werden in wenigen Jahren zur Realität im Alltagsverkehr. Selbst fliegende Autos gibt es schon, auch wenn diese Prototypen noch keineswegs für einen breiteren Einsatz geeignet sind.

Im Verlauf der Vierten Industriellen Revolution wird alles, wirklich alles miteinander vernetzt werden: das Smartphone mit dem Kühlschrank, das Auto mit dem Haus, die eine Fabrik mit der anderen, die Maschine in Deutschland mit der Maschine in Indien oder Japan, das intelligente Pflaster auf unserer Brust mit unserem Arzt. Es ist das Ende der rein mechanischen Welt.

Ausländische Plattform-Player, insbesondere aus dem Silicon Valley, wie Amazon, Google (Alphabet), Uber, Airbnb oder Booking.com verändern die Spielregeln in vielen Branchen. Der Einzelhandel, die Musikindustrie, die Touristikbranche und die Medienindustrie durchleben diesen Wandel bereits seit längerem. In anderen Bereichen wie Finanzwesen, Transport und Logistik oder Maschinenbau hat der Wandel gerade begonnen.

Die Vielzahl und das Tempo der Umbrüche lösen natürlich auch Ängste aus. Insbesondere die Arbeitswelt steht unter Druck. Hat am Ende der Siemens-Chef Joe Kaeser Recht, wenn er meint, dass „absehbar einige auf der Strecke bleiben, weil sie mit der Geschwindigkeit auf der Welt einfach nicht mehr mitkommen"?[95] Brauchen wir deshalb zwar noch nicht jetzt, aber in einigen Jahren ein bedingungsloses Grundeinkommen? Oder schafft auch die neue Arbeitswelt genügend Arbeit für möglichst viele?

Was passiert, wenn die Künstliche Intelligenz einmal die Menschen bei vielen Aufgaben übertrifft? Können Wirtschaft und Gesellschaft die Stärken der Künstlichen Intelligenz gezielt nutzen oder kommt es zu unkalkulierbaren Verwerfungen? Auch diese Fragen lassen sich derzeit nicht schlüssig beantworten. Der Astrophysiker Stephan Hawking sagte wenige Monate vor seinem Tod bei der Technologie-Konferenz „Web Summit" in Lissabon:[96] „Erfolg bei der Schaffung einer effektiven Künstlichen Intelligenz könnte das größte Ereignis in der Geschichte unserer Zivilisation sein. Oder das Schlimmste. Wir wissen es einfach nicht."

---

[95] Vgl. Max Hägler: Siemens-Chef plädiert für ein Grundeinkommen, in: Süddeutsche Zeitung vom 20.11.2016; https://www.sueddeutsche.de/wirtschaft/sz-wirtschaftsgipfel-siemens-chef-plaediert-fuer-ein-grundeinkommen-1.3257958 [Stand: 28.1.2020]

[96] https://futurezone.at/science/stephen-hawking-ki-koennte-schlimms-tes-ereignis-der-menschheit-werden/296.805.846 [Stand: 19.2.2020]

Internet und Smartphone haben unserer Gesellschaft und Wirtschaft sicherlich gewaltige Vorteile gebracht. Ist aber zum Beispiel die ständige Erreichbarkeit im Beruf und im Privatleben durch Internet und Smartphone nur ein Vorteil oder auch eine gesundheitliche Belastung? Deutsche schauen durchschnittlich 88mal täglich auf ihr Handy.[97] Welche Folgen ergeben sich daraus? Ist, wie von manchen gefordert wird, eine „Handy-Diät" notwendig?

Viele weitere Themen wie Datenschutz, Hackerangriffe, Suchtgefahr, Hass im Netz oder Cyberkriminalität zeigen: Technischer Fortschritt hat auch Schattenseiten, die uns nicht entgleiten dürfen. Es ist eine Herkulesaufgabe für Staat, Gesellschaft, Wissenschaft und Wirtschaft, dafür zu sorgen, dass künftige Entwicklungen der Allgemeinheit nutzen und nicht schaden.

Besonders deutlich wird dies beim drängenden Thema Klimawandel. Unsere gesellschaftliche und wirtschaftliche Entwicklung kann im Fortbestand gefährdet sein, wenn hier nicht

---

[97] Vgl.: https://webcare.plus/menthal-balance/ [Stand: 26.2.2020]

entschlossen gegengesteuert wird. National ist zwar Etliches vorangekommen, international lässt aber Vieles zu wünschen übrig, wenn wir allein an China, Indien oder die USA denken. Auf jeden Fall: Klima und Umweltschutz werden die Entwicklung unserer nächsten Jahrzehnte nachhaltig prägen.

Wo stehen wir heute auf dem Weg in das 21. Jahrhundert? Ranga Yogeshwar gibt dazu eine realistische Positionsbestimmung: [98]

„Die Welt von heute ist in vielerlei Hinsicht besser, als sie je war, und es gibt viele Gründe dafür, dass dieser Trend sich fortsetzt. Vor uns stehen eine Reihe von Herausforderungen: Unser Wirtschaftssystem dürfte an manchen Stellen neu justiert werden müssen, und auch unser Ressourcenverbrauch muss langfristig den elementaren Kriterien der Nachhaltigkeit genügen. Das Bewusstsein hierfür steigt, und wenn es uns gelingt, neue Prioritäten für das Zusammenleben zu setzen, können wir diese Ziele auch mittelfristig erreichen. Die Angstszenarien von

---

[98] Ranga Yogeshwar: Nächste Ausfahrt Zukunft. Geschichten aus einer Welt im Wandel, Köln 2017, S.369 ff.

intelligenten Robotern, die bald unsere Welt übernehmen, teile ich ebenso wenig wie die Vision baldiger Unsterblichkeit. Technik kann fürwahr nicht alles.

Überhaupt sollten wir uns bewusst machen, dass die Wissenschaft, entgegen der verbreiteten Annahme, noch immer sehr wenig versteht. Viele Prozesse des Lebens halten ihr Geheimnis noch immer für uns verschlossen, und die wunderbaren Wechselwirkungen der Natur werden auch in Zukunft noch lange ein Rätsel bleiben. ...

Wir sollten keine Angst vor dem Morgen haben, denn wir leben in der aufregendsten Zeit, die es je gab. Worauf also warten wir? Unsere Zukunft hat begonnen ..."

Soweit Ranga Yogeshwar in seinem Buch „Nächste Ausfahrt Zukunft". Beachten wir aber – bevor wir die „nächste Ausfahrt in unsere Zukunft" nehmen - den Gedanken des Anthropologen und Philosophen Pierre Teilhard de Chardin (1881 – 1955):

„Die Zukunft gehört denen, die der nachfolgenden Generation Grund zur Hoffnung geben."

Literatur

Altmaier, Peter: Rede des Bundesministers für Wirtschaft und Energie bei der Aussprache zur Regierungserklärung vor dem Deutschen Bundestag am 22. März 2018, in: Bulletin der Bundesregierung Nr. 33-2, vom 22. März 2018

ARD/ZDF-Massenkommunikation Langzeitstudie: Vgl. https://www.ard-werbung.de/media-perspektiven/studien/langzeitstudie-massenkommunikation/ [Stand: 9.3.2020]

Beise, Marc, Schäfer, Ulrich: Deutschland digital. Unsere Antwort auf das Silicon Valley, Frankfurt am Main 2016

Bezmalinovic, Tomislav: „KI ist unbesiegbar": Go-Champion Lee Sedol gibt auf, unter: https://mixed.de/go-champion-hoert-auf-ki-unschlagbar/ [Stand: 19.2.2020]

Bundesministerium für Bildung und Forschung (Hrsg.): Studie: Zukunft von Wertvorstellungen der Menschen in unserem Land, Berlin August 2020

Bundesministerium für Familie, Senioren, Frauen und Jugend: Bericht zum Thema „Wertewandel in der Jugend und anderen gesellschaftlichen Gruppen durch Digitalisierung", Berlin 2016

Butter, Michael: „Nichts ist, wie es scheint"; Über Verschwörungstheorien, Berlin, 3. Aufl. 2020

Claussen, Thies: Ludwig Erhard. Wegbereiter unseres Wohlstands, Hrsg.: Bayerisches Staatsministerium für Wirtschaft, Landesentwicklung und Energie, München September 2019

Claussen, Thies: Unsere Zukunft nach Corona. Künftige Entwicklungen in Gesellschaft, Wirtschaft, Umwelt und Technik, Hamburg 2020

Crolly, Hannelore: Auf der „Neuen Seidenstraße" in die finanzielle Abhängigkeit von China, unter: https://www.welt.de/wirtschaft/article184780806/Neue-Seidenstrasse-China-treibt-Laender-in-die-Schuldenfalle.html [Stand: 7.1.2021]

Der Bundespräsident: Eröffnung der Ausstellung „Verschwörungstheorien – früher und heute", Lichtenau, 17. Mai 2019, unter: https://www.bundespraesident.de/SharedDocs/Reden/DE/Frank-Walter-Steinmeier/Reden/2019/05/190517-Ausstellung-Verschwoerungstheorien.html [Stand: 14.1.2021]

Deuber, Lea: Zeit, sich gegen China zu wehren, in Süddeutsche Zeitung vom 23. April 2019

Die Drogenbeauftragte der Bundesregierung beim Bundesministerium für Gesundheit: Drogen- und Suchtbericht 2019, Berlin 2019

Europäische Kommission: So erkennt man Verschwörungstheorien, unter: https://ec.europa.eu/info/live-work-travel-eu/coronavirus-response/fighting-disinformation/identifying-conspiracy-theories_de [Stand: 14.1.2021]

Fahrion, Georg; Hecking, Claus, Pabst, Volker: Projekt Seidenstraße: Chinas neuer Plan, in: Capital, 21. September 2018

Fratzscher, Marcel: Versprechen wird gebrochen, in: Riedel, Donata: Vier Ideen zur Erneuerung der Sozialen Marktwirtschaft, in: Handelsblatt vom 14.6.2018

Glück, Alois: Wertewandel in der Demokratie, Politische Studien 2016, unter: https://www.hss.de/publikationen/politische-studien-465-im-fokus-wertewandel-in-der-demokratie-pub132/ [Stand: 18.1.2021]

Grolle, Johann: Künstliche Intelligenz. Wenn der Computer versteht, was er liest, unter: https://www.spiegel.de/wissenschaft/mensch/kuenstliche-intelligenz-wenn-der-computer-versteht-was-er-liest-a-1189094.html [Stand: 19.2.2020]

Hägler, Max: Siemens-Chef plädiert für ein Grundeinkommen, in: Süddeutsche Zeitung vom 20.11.2016; https://www.sueddeutsche.de/wirtschaft/sz-wirtschaftsgipfel-siemens-chef-plaediert-fuer-ein-grundeinkommen-1.3257958 [Stand: 28.1.2020]

Hamilton, Clive; Ohlberg, Mareike: Die lautlose Eroberung. Wie China westliche Demokratien unterwandert und die Welt neu ordnet, München 2020

Harari, Yuval Noah: Eine kurze Geschichte der Menschheit, 23. Aufl., München 2015

Hillmann, Karl-Heinz: Wertewandel. Ursachen, Tendenzen, Folgen, Würzburg 2003

Hülsbömer, Simon: Wie das Internet zur Welt kam, unter: https://www.computerwoche.de/a/wie-das-internet-zur-welt-kam,1901302 [Stand: 9.3.2020]

Kaufmann, Sabine Frietsch, Martina: Verschwörungsideologien, unter: https://www.planet-wissen.de/gesellschaft/psychologie/verschwoerungstheorien/index.html [Stand: 14.1.2021]

Keese, Christoph: Silicon Germany. Wie wir die digitale Transformation schaffen, München 2016

Klages, Helmut: Brauchen wir eine Rückkehr zu traditionellen Werten? in: Aus Politik und Zeitgeschehen, Nr. 29/2001, S. 7 ff.

Klages, Helmut: Wertorientierung im Wandel, Frankfurt am Main/New York 1984

Kollmann, Tobias, Schmidt, Holger: Deutschland 4.0. Wie die Digitale Transformation gelingt, Wiesbaden 2016

Kühl, Eike: Flexible Displays. Schatz, roll schon mal den Fernseher aus, unter: https://www.zeit.de/digital/mobil/2018-01/flexible-displays-ces-2018-las-vegas-fernseher-smartphone/seite-2 [Stand: 9.3.2020]

Kuhn, Thomas: Die fünf gefährlichsten Hacker-Strategien 2020, unter: https://www.wiwo.de/technologie/digitale-welt/cybersecurity-die-fuenf-gefaehrlichsten-hacker-strategien-2020/25357982.html [Stand: 9.3.2020]

Lamberty, Pia: Die Psychologie des Verschwörungsglaubens, unter: https://www.bpb.de/izpb/318704/die-psychologie-des-verschwoerungsglaubens [Stand: 14.1.2021]

Landesmedienzentrale Baden-Württemberg: Das Smartphone - ein multimedialer Alleskönner: unter: https://www.lmz-bw.de/medien-und-bildung/jugend-medienschutz/smartphones-apps/das-smartphone-ein-multimedialer-alleskoenner/#footnote-1 [Stand: 9.3.2020]

Landeszentrale für politische Bildung Baden-Württemberg: Verschwörungstheorien. Warum sind sie so verbreitet und was kann man dagegen tun? unter: https://www.lpb-bw.de/verschwoerungstheorien [Stand: 14.1.2021]

Lantian, Anthony u.a.: I Know Things They Don't Know!, unter: https://econtent.hogrefe.com/doi/full/10.1027/1864-9335/a000306 [Stand: 14.1.2021]

Mann, Thomas: Der Zauberberg, Frankfurt am Main, 15. Auflage 2002

Münger, Christof: „Wir müssen wachsam sein, was China betrifft" Interview mit Madeleine Albright, In: Süddeutsche Zeitung vom 2./3. Januar 2021, S. 9

Münster, Gernot: Was ist die Zeit? unter: https://www.uni-muenster.de/Physik.TP/~munsteg/10Zeit.pdf [Stand: 5.1.2021]

Naisbitt, John: Megatrends: Ten New Directions Transforming Our Lives, New York 1982

Öchsner, Thomas: Wer hat, dem wird gegeben, in. Süddeutsche Zeitung vom 2./3. Januar 2021, S. 22

Opaschowski, Horst W.: Deutschland 2030. Wie wir in Zukunft leben, Gütersloh 2013

Opaschowski, Horst W.: So wollen wir leben! Die 10 Zukunftshoffnungen der Deutschen, Gütersloh 2014

Reichlin, Maximilian: Werte und Wertewandel – Gesellschaft und Mensch im Fluss, unter: https://uni.de/redaktion/werte-und-wertewandel [Stand: 18.1.2021]

Rürup, Bert: Ein Investitionsabkommen bringt in China kein Ende der Zwangsarbeit, in: Handelsblatt vom 6.1.2021, unter: https://www.handelsblatt.com/meinung/kommentare/analyse-serie-global-challenges-ein-investitionsabkommen-bringt-in-china-kein-ende-der-zwangsarbeit/26769732.html [Stand: 7.1.2021]

Safranski, Rüdiger: Zeit. Was sie mit uns macht und was wir aus ihr machen; München 2015

Schimroszik, Nadine: Neue Trends bringen Smartphones ins nächste Jahrzehnt, unter: https://de.reuters.com/article/deutschland-ifa-smartphones-id-DEKCN1LG161 [Stand: 9.3.2020]

Schrag, Wolfram: Medienlandschaft Deutschland, hrsg. von der Bayerischen Landeszentrale für politische Bildungsarbeit, 2. Aufl., München 2018

Schreiner, Maximilian: Der Aufstieg der KI: Zehn Jahre Künstliche Intelligenz und ihre Zukunft, unter: https://mixed.de/aufstieg-kuenstlicher-intelligenz-rueckblick-und-ausblick/ [Stand: 19.2.2020]

Schularick,, Moritz u.a.: Die neue Wohnungsfrage; Gewinner und Verlierer des deutschen Immobilienbooms, Bonn, Juni 2019

Schulz, Thomas: Was Google wirklich will. Wie der einflussreichste Konzern der Welt unsere Zukunft verändert, München 2015

Schwab, Klaus: Die Vierte Industrielle Revolution, 3. Aufl., München 2016

Shell Jugendstudie 2019: Eine Generation meldet sich zu Wort, unter: https://www.shell.de/ueber-uns/shell-jugendstudie/_jcr_content/par/toptasks.stream/1570708341213/4a002dff58a7a9540cb9e83ee0a37a0ed8a0fd55/shell-youth-study-summary-2019-de.pdf [Stand: 22.3.2020]

Spalinger, Andrea: China investiert in Italiens Häfen – und verstärkt seinen Einfluss in Europa, in: Neue Züricher Zeitung vom 17.3.2019

Verband Deutscher Kabelnetzbetreiber (ANGA): Medienkonsum der Zukunft, Berlin 2015

Yogeshwar, Ranga: Nächste Ausfahrt Zukunft. Geschichten aus einer Welt im Wandel, Köln 2017

Zukunftsinstitut: 6 Thesen zur Künstlichen Intelligenz, unter: https://www.zukunftsinstitut.de/artikel/digitalisierung/6-thesen-zur-kuenstlichen-intelligenz/ [Stand: 19.2.2020]

FSC
www.fsc.org
MIX
Papier | Fördert
gute Waldnutzung
FSC® C083411

Zeitfracht Medien GmbH
Ferdinand-Jühlke-Straße 7
99095 Erfurt, Deutschland
produktsicherheit@kolibri360.de